Cultiver

Collection Mille et un bébés
dirigée par Patrick Ben Soussan

Des bébés en mouvements, des bébés naissant à la pensée, des bébés bien portés, bien-portants, compétents, des bébés malades, des bébés handicapés, des bébés morts, remplacés, des bébés violentés, agressés, exilés, des bébés observés, des bébés d'ici ou d'ailleurs, carencés ou éveillés culturellement, des bébés placés, abandonnés, adoptés ou avec d'autres bébés, des bébés et leurs parents, les parents de leurs parents, dans tous ces liens transgénérationnels qui se tissent, des bébés et leur fratrie, des bébés imaginaires aux bébés merveilleux…

Voici les mille et un bébés que nous vous invitons à retrouver dans les ouvrages de cette collection, tout entière consacrée au bébé, dans sa famille et ses différents lieux d'accueil et de soins. Une collection ouverte à toutes les disciplines et à tous les courants de pensée, constituée de petits livres – dans leur pagination, leur taille et leur prix – qui ont de grandes ambitions : celle en tout cas de proposer des textes d'auteurs, reconnus ou à découvrir, écrits dans un langage clair et partageable, qui nous diront, à leur façon, singulière, ce monde magique et déroutant de la petite enfance et leur rencontre, unique, avec les tout-petits.

Mille et un bébés pour une collection qui, nous l'espérons, vous donnera envie de penser, de rêver, de chercher, de comprendre, d'aimer.

Le catalogue de la collection comportant un index des auteurs, des titres et des thèmes abordés est disponible gratuitement chez l'éditeur :

Éditions Érès, 11 rue des Alouettes, 31520 Ramonville Saint-Agne,
tél. 05 61 75 15 76, fax. 05 61 73 52 89
e.mail : eres@edition-eres.com
www.edition-eres.com

Cultiver

Philippe Bouteloup
Agnès Chaumié
Chantal Grosléziat
Brigitte Lallier-Maisonneuve
Catherine Jeanne Mercier
Dominique Rateau
Laurence Salvadori

Mille et un bébés

érès

La liste des ouvrages de la collection
figure à la fin du volume

par Achevé d'imprimer
en août 2000
IMPRIMERIE LIENHART
à Aubenas d'Ardèche

Dépôt légal août 2000
N° d'imprimeur : 2563
Printed in France

ISBN : 2-86586-828-1

11 rue des Alouettes, 31520 Ramonville Saint-Agne

Philippe Bouteloup

La culture des bébés

« Il n'est pas de société, si humble soit-elle, qui n'accorde une valeur éminente aux arts de la civilisation par la découverte et l'usage desquels l'humanité se sépare de l'animalité. »
Claude Lévi-Strauss, 1961

Au-delà des soucis d'hygiène et de mortalité infantile, il est un espace qui s'ouvre à nous aujourd'hui : celui des bébés et de la culture. Paradoxalement, l'amélioration générale du niveau sanitaire a créé de nouveaux besoins et problèmes. Le rétrécissement de l'espace éducatif et familial et une nouvelle organisation sociale n'ont pas été sans conséquences sur les modes de transmissions culturelles. Dans une société vouée à la performance et à son corollaire, la réussite, le débat fait rage, qui oppose d'un côté les tenants de l'éducation naturelle où l'enfant puise dans son environnement ce dont il a besoin, et de l'autre les adeptes du superbébé gavé d'appren-

Philippe Bouteloup, musicien, directeur de Musique et santé, *Paris.*

tissages précoces et prêt pour affronter les affres de la compétition.

Le mot culture, dans l'ancien français « couture », nous dit combien l'enfant est pris dans un tissu de relations multiples et diversifiées. Marie-José Chombart de Lauwe, en parlant du milieu de l'enfant comme « univers de socialisation », concept qui englobe les conditions géographiques, spatiales, socio-économiques, institutionnelles, culturelles et idéologiques, montre la complexité et la multitude des combinatoires possibles.

Pour le *Robert*, cultiver, c'est « élever dans un milieu (certains végétaux ou animaux) favorisant leur croissance ». Il a repris au latin le sens moral de « développement des facultés intellectuelles par des exercices appropriés ».

Le terme de culture désigne tantôt un ensemble de processus psychosociaux comme les pratiques, comportements, valeurs et représentations, tantôt les produits des activités humaines (produits culturels), mais aussi les efforts du sujet pour se développer et acquérir des connaissances, en un mot se cultiver.

Cognitiver la culture ?

Si la transmission de la culture se faisait auparavant au sein de la famille ou de l'environnement proche de l'enfant, il n'en est plus de même aujourd'hui.

Y a-t-il transmission ? Par quels canaux s'opère-t-elle ? Sur quelles valeurs s'appuie-t-elle ? Tout le monde s'accorde à dire l'importance de la qualité d'environnement de l'enfant, environnement sensoriel, affectif, culturel.

Pour montrer à quel point le biologique et le social sont imbriqués, un psychologue canadien affirme que le comportement est dû en totalité au milieu et en totalité à l'hérédité. L'enfant n'est pas une plante à arroser, à « cultivater », comme dirait Bernard Lubat, musicien de son état et grand agitateur d'idées.

Dans son livre *La Dimension cachée* (1966), l'anthropologue américain E.T. Hall nous donne une définition implicite très éclairante de la culture lorsqu'il déclare étudier « ce type d'expérience profonde, générale, non verbalisée que tous les membres d'une même culture partagent et se communiquent à leur insu, et qui constitue la toile de fond par rapport à quoi tous les autres événements sont situés ».

S'interroger sur l'éveil de l'enfant, ce n'est pas une façon supplémentaire de circonscrire les différents temps du développement de l'enfant. Si cette notion correspond à un préalable aux apprentissages classiques, elle permet de considérer l'enfant, dès sa venue au monde, comme un être possédant des capacités, mais également soumis parfois à de rudes épreuves d'ordre familial, social, culturel. Il s'agit donc de lui apporter un ancrage, des valeurs, des outils qui lui permettent de trouver, en lui et autour de lui, suffisamment de ressources pour exister et se développer au mieux.

Il n'y a pas de cognitivisme de la culture, mais en revanche, on y trouve, du côté de l'artiste qui s'aventure sur le terrain des bébés, de l'intentionnalité, et cette intention ne trompe pas le petit d'homme.

Un éveil artistique

De quelle manière l'art et l'enfant peuvent-ils se rejoindre ? À partir de quel moment peut-on estimer que l'enfant est créateur ? Est-il possible qu'un artiste fasse partager sa passion, son interprétation d'une œuvre, son travail de création auprès de très jeunes enfants ? En un mot, l'art peut-il et doit-il concerner le petit enfant ?

L'enfant comprend sa langue maternelle avant de pouvoir s'exprimer par les mots. Bien avant de dessiner, il est sensible aux couleurs qui l'entourent, aux matières, aux formes. Bien avant de chanter, il est ouvert aux voix, aux bruits, aux musiques, et ses premières vocalisations augurent du langage à venir et du chant.

L'éveil artistique pose la question de la façon dont on va éveiller l'enfant à ces « objets culturels que seraient le livre, la musique, le spectacle, la peinture, l'art de savourer, de déguster un aliment, une boisson, une odeur [1] ».

Jusqu'à la fin du Moyen Âge, l'art, au même titre que l'artisanat, se transmettait directement dans l'espace privé de l'atelier, du maître aux apprentis, dont certains étaient encore des enfants. Cette initiation passait par l'observation et la progressive mise à l'épreuve de ses capacités. La leçon se donnait par l'exemple, les savoirs étaient directement liés à l'expérience.

À notre époque, comme le souligne Renée Attias, psychologue, « la plupart des artistes sont enfermés dans leurs ateliers,

1. Patrick Ben Soussan, *Le Bébé, les livres et la culture*, revue *Spirale*, Éditions Érès, 1996, p. 8.

les œuvres d'art dans les musées ou les galeries, les images télévisuelles ont remplacé les récits dans les livres, et l'accès aux œuvres contemporaines est réservé à un cercle restreint de public averti [2] », les lieux et les occasions de rencontre artistique pour l'enfant dépendant largement du rapport de sa famille aux biens culturels. Pour privilégier cette « connaissance d'un état de l'être », préconisée par un auteur ancien il y a quelques milliers d'années, le premier mode de transmission consiste en une mise en présence de l'artiste face à l'enfant. L'artiste modèle une sculpture, représente par les couleurs un paysage, interprète un morceau de musique, joue un personnage, travaille une chorégraphie… Aucune proposition ou sollicitation n'est faite à l'enfant. Le contact se fait à distance, l'artiste crée devant l'enfant et celui-ci « partage » l'intérêt que l'artiste porte à sa discipline, sa sensibilité, ses interrogations, son émotion.

Mais l'artiste peut aussi être pédagogue. Dans ce cas, il met son art au service d'une rencontre avec les enfants. Il suscite l'expression artistique de l'enfant, enrichit, accompagne ses productions. Il ne crée plus pour lui-même, il met en jeu sa créativité en écho à celle de l'enfant. Son art est aussi dans la manière de favoriser une qualité musicale, plastique, théâtrale ou chorégraphique. Il ne cherche pas à transmettre une technique, n'apprend pas la bonne manière de chanter, de danser, de parler, de dessiner. Sa mission est ailleurs : reconnaître et

2. Renée Attias, Christine Attali-Marot, Marc Caillard (sous la direction de), *Guide d'accompagnement des pratiques d'éveil culturel et artistique dans les lieux d'accueil de la petite enfance*, Éditions Éveil culturel et petite enfance, 1995, p. 113.

donner « corps » au désir d'expression et de communication de l'enfant. Le « parler vrai » de Françoise Dolto répond à ce même processus, cette même exigence. « Il n'est jamais trop tôt pour parler vrai, pour parler à sa personne en lui laissant la place pour une réponse que nous n'entendrons pas puisqu'il n'a pas la parole pour parler, mais qu'en désir, il émettra ; une réponse non audible, mais le désir et le sujet sont là [3]. » Cette réponse non audible quant au langage ne l'est plus du tout lorsque la matière d'échange est mélodie, mouvement, jeu de couleurs, car l'enfant, avant de s'exprimer par le langage, y parvient par toutes les autres médiations culturelles. Pour que ces médiations tissent une communication de personne à personne, l'artiste doit à la fois percevoir les capacités du jeune enfant et tenter de comprendre la valeur de son expression. Double interrogation pour approcher la spécificité de l'éveil artistique dans une démarche globale d'éducation.

Dynamique de vie

La proposition artistique ménage un espace de liberté, de silence (pour la musique), qui reconnaît l'expression de l'enfant pour que celui-ci s'ouvre à celle de l'adulte. Marie-France Castarède relate ce phénomène à travers le *babytalk (motherese)*, à la fois langue du bébé et « parler au bébé » que les adultes emploient pour s'adresser à lui : « La mère régresse avec son enfant dans un véritable état de grâce [...] Plus que d'en-

3. Françoise Dolto, *Les Cahiers du nouveau-né 1 et 2*, « Naître et grandir », Éditions Stock.

seigner la langue, elle tente de communiquer par sa voix [...] Pour parvenir au langage, l'enfant doit être accueilli dans sa manière à lui de se dire et de communiquer, qui n'a rien à voir avec la langue parlée autour de lui. Il ne s'approprie la parole commune à tous que s'il a d'abord été reçu dans sa propre voix [4]. » Dans le même ordre d'idées, une proposition artistique peut se nommer médiation. Elle met en résonance la vie interne du tout-petit à la réalité de la vie externe. Elle peut transformer des situations parfois difficiles, comme la séparation, en donnant à l'enfant les moyens de combler la solitude ou le manque. Elle renforce le sentiment de l'être cher à Winnicott, parce qu'elle s'appuie sur le partage d'un lien d'amour, passion artistique, relation véritable entre deux êtres. L'imaginaire prend sa source dans les premières relations. Et si l'objectif de ces rencontres enfant-artiste/enfant-artiste-pédagogue n'est pas d'apprendre le plus précocement possible à jouer de la musique, peindre ou danser... il est plutôt de laisser à l'enfant le temps du temps, celui de réaliser ses propres découvertes, apprendre à découvrir et apprendre avec les autres.

Renée Attias replace ces expériences « sans contraintes » dans le contexte des apprentissages : « L'impulsion créatrice expérimentée dans une relation satisfaisante introduit l'enfant au plaisir d'apprendre en jouant, et à la dimension symbolique ; cette impulsion sera relayée par le désir de connaissance, tellement fondamental pour réaliser les apprentissages que l'école propose : lire, écrire, compter [...] [5] »

---

4. Marie-France Castarède, *La Voix et ses sortilèges*, Éditions Les Belles lettres, Confluents psychanalytiques, 1991, p. 86.

5. *Op. cit.*, p. 144.

La culture, c'est avant tout de la transmission, et comme le furet, elle est passée par ici, elle repassera par là. La transmission culturelle, maillon indispensable à l'évolution des hommes, au maintien de leur créativité, semble aujourd'hui ne plus fonctionner si bien. L'éclatement géographique des familles, la vie citadine, l'altération des valeurs religieuses, l'incursion du télévisuel dans la vie familiale, rendent de plus en plus rares les occasions de partage, de fêtes et d'échanges culturels au sein des familles.

Selon D.W. Winnicott, pour que la culture soit appropriée par le sujet, il faut qu'elle entre dans l'espace où s'élabore son rapport à la réalité, à l'« aire intermédiaire d'expérience ». L'« espace potentiel » devient espace de jeu *(playing)* puis celui de la « culture ».

Passeur de culture

À une époque où il fallait dépasteuriser la crèche, les artistes sont entrés en scène. Il ne s'agissait bien évidemment pas de susciter des vocations, mais plutôt de permettre une imprégnation des acquis sensibles à travers cette rencontre.

Selon Burnet Tylor, ethnologue de la fin du XIXe siècle : « La culture c'est la nature plus un sens », à savoir que les actes ne deviennent culturels que s'ils sont pris dans un contexte. Pour Albert Jacquard, la culture « c'est la nature plus l'aventure ». Ce rôle d'aventurier, de relanceur d'espérance ou de chercheur d'espérance, comme aime à l'évoquer Marcel Rufo, est fondamental, notamment dans les lieux de santé, comme en pédopsychiatrie ou en néonatalogie.

La culture doit permettre de retrouver ce plaisir de l'échange entre parents, enfants et professionnels. Pour les artistes, le rôle de passeur, passeur de culture comme l'évoquait Hélène Mathieu du ministère de la Culture, est censé apporter non des connaissances, mais des émotions. L'artiste rend ses rêves publics à travers des rencontres singulières et éphémères, mais jamais sans lendemain. Il est peut-être celui qui déclenche cette passion à travers la rencontre avec l'enfant. Il porte en lui cette passion.

L'artiste, chercheur de « demain »

Boris Cyrulnik a écrit sur les nourritures affectives ; il faudrait développer cette notion de nourritures culturelles, réfléchir également à une écologie sensorielle et sonore notamment. Nous sommes toujours frappés, dans les lieux d'accueil de la petite enfance, par cette disparité entre les surstimulations et le désert culturel d'autres endroits.

La culture est une nécessité et la condition de notre autonomie. Brecht le savait bien en écrivant : « La culture, qui est superstructure, ne doit pas être considérée comme une chose, un bien [...], mais comme un facteur d'évolution, et surtout comme un processus. » Et même si les richesses culturelles sont le lot commun de l'humanité, nous ne pouvons oublier que le rapport à la culture est conditionné par la classe sociale, le milieu, les origines.

Parents, artistes et spécialistes de la petite enfance, unissons nos voix, mais laissons un espace pour entendre l'enfant vocaliser.

Bibliographie

Baudelot, O. ; Rayna, S. (sous la direction de). 1999. *Les Bébés et la culture. Éveil culturel et lutte contre les exclusions*, n° 14, collection CRESAS, L'Harmattan.

Beaulieu, D. (sous la direction de). 1993. *L'Enfant vers l'art, une leçon de liberté, un chemin d'exigence*, n° 139, Éditions Autrement, série Mutations.

Cabanis, A. ; Janelle, C. 1993. *La Création et le petit enfant*, Éditions de l'Aube, collection « Monde en cours ».

Pingaud, B. 1977. « Une tâche sans fin », dans D.W. Winnicott (sous la direction de), *L'Arc*, n° 69.

Pujas, P. ; Ungaro, J. 1999. *Une Éducation artistique pour tous ?* Policultures/Erès.

Chantal Grosléziat

Éveil du sens musical

Sensorialité auditive

Le temps de la petite enfance est peut-être l'âge d'or de l'ouïe, comme en témoignent de nombreuses études audio-psychologiques menées cette dernière décennie. Les résultats montrent que les bébés disposent de capacités auditives tout à fait proches de celles de l'adulte, voire supérieures à celles de l'adulte au-dessus de 4 000 Hz [1] (la zone exploitée préférentiellement par la parole va de 200 à 4 000 Hz [2]). Il est par ailleurs probable que ses capacités d'at-

Chantal Grosléziat, directrice de l'association Musique en Herbe, elle est aussi l'auteur de : Les Bébés et la musique, premières perceptions et créations sonores *et* Bébés chasseurs de sons, *aux Éditions Erès. Contact : Musique en Herbe, BP 103, 93130 Noisy-le-Sec. Tel/Fax : 01 48 40 66 19.*

1. Hertz : Unité de mesure de la fréquence. Le nombre de vibrations par seconde détermine la hauteur d'un son.

2. Pour une description plus complète, voir Christoph Fassbender, « La sensibilité musicale du nourrisson », dans Irène Deliège, John A. Sloboda, *Naissance et développement du sens musical*, Paris, PUF, 1995, p. 82.

tention, de motivation et de mémoire, inférieures à celles des adultes, induisent une diminution des résultats enregistrés.

Mais que signifie écouter, ou plutôt entendre, pour un tout-petit ?

Il semble bien qu'au tout début de la vie, l'usage de l'ouïe soit particulièrement relié aux autres modalités de la perception sensorielle.

Selon Bower (1977), le très jeune bébé perçoit l'information fournie par la vue, l'écoute et le toucher, comme un complément amodal. Il est aussi plus sensible à la synchronisation qu'aux différences perceptives des modalités, comme le montre l'expérience suivante : Spelke a montré à des nourrissons âgés de quatre mois un film sur lequel deux poupées sautaient chacune à une cadence différente, et il leur a fait entendre une séquence sonore dont le tempo correspondait à la cadence des sauts d'une des poupées. Les bébés dirigeaient leur premier regard vers la poupée dont la cadence du mouvement correspondait au tempo du son. Ces résultats apportent la preuve que les nourrissons peuvent associer ce qu'ils voient et entendent quand les stimuli auditifs et visuels sont temporellement synchronisés [3].

Comme le *babytalk* qui accentue la musicalité de la parole pour attirer la curiosité du nourrisson et le maintenir en éveil, les attentions portées au bébé mettent en scène de multiples associations sensorielles : informations tactile (caresser, tapoter, frapper légèrement, pointer l'index), kinesthésique (faire

3. Expérience citée par Viviane Pouthas, « Le développement de la perception du temps », dans Irène Deliège, John Sloboda, *op. cit.*, p. 149.

faire un mouvement aux mains ou aux pieds du bébé) et visuelle (hocher ou incliner la tête).

L'enfant est renseigné sur les composantes musicales non par le seul biais du son vocal, instrumental ou de la parole, mais à travers un ensemble complexe d'associations sensorielles.

De nombreuses recherches montrent que le bébé est capable d'abstraire un élément temporel par exemple. La notion de rythme semble être traitée par le bébé indépendamment de son support sonore. Dans leur étude de 1982, Mendelson et Ferland ont familiarisé des nourrissons de 4 mois à une syllabe présentée avec un rythme régulier (II II II), ou irrégulier (III II III I). Ensuite, ils ont montré un film où une marionnette ouvrait la bouche au rythme sonore auquel les enfants avaient été familiarisés ou suivant le rythme nouveau. Ceux qui avaient été habitués au rythme régulier regardaient plus le stimulus visuel au rythme irrégulier et vice versa. Cette réaction à la nouveauté est interprétée comme une différenciation du rythme de la bouche de la marionnette par rapport au rythme de la séquence sonore mémorisée.

Ces résultats suggèrent que le jeune nourrisson est capable d'abstraire l'information temporelle des caractéristiques de la modalité sensorielle dans laquelle un événement ou un signal est présenté. Il est capable de la mémoriser et de la comparer à l'information temporelle qu'il a abstraite au cours d'une nouvelle stimulation [4].

4. *Ibid.*, p. 149.

De son côté, Daniel Stern évoque l'existence chez le bébé à partir de 2 mois, d'une représentation amodale encore « mystérieuse », qui peut être reconnue dans n'importe quel mode sensoriel. Il s'agit de caractères abstraits tels que les formes, les intensités et les figures temporelles. Concernant la forme, il rappelle l'expérience de Meltzoff et Borton en 1979, démontrant une correspondance entre le toucher et la vue. Après avoir sucé une tétine, des bébés de 3 semaines sont capables de la « reconnaître » visuellement. D'autres expériences sur la forme visuelle et sonore ont démontré que des bébés à qui l'on présente deux visages articulant des sons différents regardaient plus longuement celui dont ils entendaient la voix correspondante.

Comme le montrent ces études, ce qu'entend un bébé ne peut être envisagé du seul point de vue de l'oreille. Celle-ci est un circuit essentiel, mais ne trouve son propre développement qu'en interaction constante avec d'autres systèmes de perception.

Daniel Stern présente à ce sujet la notion d'autosynchronisme, inventée par Condon et Ogston en 1966 : « L'autosynchronisme renvoie au fait que des parties séparées du corps telles que les membres, le torse et le visage ont tendance à se déplacer – en fait, doivent se déplacer – ensemble et synchroniquement à la seconde près, dans le sens où les commencements, les arrêts et les changements de direction ou de vitesse d'un groupe de muscles se feront de façon synchrone à ceux d'autres groupes musculaires. Cela ne veut pas dire que les deux bras doivent faire la même chose au même moment, ni que le visage et la jambe, par exemple, démarrent et s'arrêtent ensemble. L'autosynchronisme permet à chaque partie du corps de dessiner son propre mouvement, de démarrer et de s'arrêter indépendamment, à condition d'obéir à une structure temporelle de base. »

Clarisse a six mois. En général très tonique, elle est plutôt calme et détendue aujourd'hui, comme sa compagne Carine, très intéressée par les hochets sonores que nous lui présentons.

Clarisse a opté pour un hochet fait d'un manche en tourillon avec, à son extrémité, quelques boules colorées en bois, attachées avec de la ficelle. C'est un jouet facile à garder en main. On peut à la fois s'intéresser au mouvement des boules et aux claquements qu'elles suscitent. Clarisse le connaît déjà, mais c'est la première fois qu'elle semble « jouer » avec.

(Allongée sur le dos, elle le regarde bouger devant ses yeux et chantonne une légère modulation qui passe du -e- au -a- approximativement sur une quinte descendante. Elle porte le hochet à la bouche, le goûte et vocalise à nouveau. Par intermittence, ses deux jambes se détendent énergiquement sur le sol. Elle rassemble ses deux mains sur le hochet, fait aller et venir une main et puis l'autre, le prend ensuite d'une main, égraine chaque boule de l'autre, chantonne à nouveau en les regardant. Puis elle secoue plusieurs fois le hochet d'un geste ample le long du corps, amorce une roulade sur le côté droit en s'accompagnant d'un cri à la fois très aigu et très doux. Un nouveau roulis de l'autre côté, elle se retrouve sur le ventre, pose l'objet, le touche du bout des doigts, chantonne son petit air, tel une respiration, puis fixe le sol, les deux mains plaquées, suivant les ombres qui bougent sur le lino ensoleillé.)

Au cours de cette exploration, Clarisse développe une écoute à la fois fluctuante et concentrée. En même temps qu'elle écoute les sons du hochet, de sa voix, elle est aussi attentive à chacun de ses gestes, détente des jambes, rotation du bassin, articulation de ses poignets autour du hochet, mouvement des boules, instrument qu'elle secoue, prolongeant son corps, qualités gustatives de l'objet… Son écoute est aussi concentrée, faisant de ce moment très vivant et personnel, une expression intense de douceur, comme une autoberceuse.

L'écoute est ici toujours reliée aux perceptions visuelles, proprioceptives, tactiles et gustatives. Sa voix accompagne ou ponctue ses gestes, les mouvements appliqués au hochet, le fait de goûter, sucer, mâchonner les boules de bois. Clarisse ne chantonne pas n'importe quoi, c'est à chaque fois quasiment le même dessin mélodique, les mêmes voyelles, la même durée et les mêmes nuances. C'est une petite phrase musicale qui précède, accompagne ou parfois conclut un geste, une action. Les différents comportements apparaissent successivement au premier plan, mais participent tous d'un même tempo, d'une même « structure temporelle », une « autosynchronie ».

Ses gestes produisent des sons, permettent parfois un changement de point de vue, une utilisation différente du hochet, la voix produit à la fois une résonance au niveau de la poitrine, du crâne, ou du cou, mais entraîne également un mouvement arrondi du hochet, accompagne un geste de la main, le prolonge.

Si les cinq sens sont en éveil à la fois, le toucher semble le plus indissociable à la découverte des sons. Cela peut s'expliquer par le fait que l'ouïe rejoint le toucher à l'endroit où les basses fréquences passent à la vibration (soit à 20 Hz environ).

L'enfant exerce son oreille avec une liberté et une créativité dont les adultes pourraient bien s'inspirer. P. Schaeffer relate cette attitude dans son histoire de l'enfant à l'herbe [5] : « Nous

5. Pierre Schaeffer, *Traité des objets musicaux*, Paris, Le Seuil, 1966, p. 339.

allons écouter un enfant qui s'est cueilli une herbe adéquate, l'a tendue entre ses deux paumes et souffle à présent sur cette herbe, tandis que le creux de ses mains lui sert de résonateur […] Cet enfant expérimente les sons les uns après les autres, et le problème qu'il pose est moins celui de l'identification que celui du style de fabrication […] »

Comparant les sons qu'il obtient en tendant, détendant l'herbe, en soufflant plus ou moins fort, l'enfant va entendre « une collection d'objets sonores dépourvus de sens musical et il ne les entendra que mieux : l'un plus rauque, l'autre plus strident ; les uns brefs, les autres interminables ; les uns claironnants, les autres râpeux ». Cette découverte de matières sonores variées dépasse le seul intérêt pour les valeurs classiques de la musique, qui requiert une écoute musicale.

Pour l'auteur, l'enfant incite l'adulte à une « écoute musicienne » en le détachant de ses références musicales classiques. L'écoute musicienne se caractérise par une attitude d'identification mais aussi d'écoute des effets et du contenu global de la sonorité.

D'une écoute intentionnelle au sens musical

Tentons maintenant d'approfondir la notion d'intention dans l'échange entre enfant et adulte et dans le jeu musical.

Une première intention est celle de jouer d'un son.

Dans une section de nourrissons, un petit de quelques mois est assis sur le tapis, entouré de quelques hochets et instruments de musique. Il a saisi une castagnette à manche, la porte à sa bouche, mais ne joue pas de « musique ». Un adulte impatient agite le bras de l'enfant de haut en bas et fait claquer l'instrument. Lorsque l'adulte arrête, l'enfant ne retrouve ni les geste, ni le son. Cet exemple montre qu'il est essentiel que soit laissé à l'enfant le temps de chercher pour trouver par lui-même, d'être acteur du geste sonore, pour l'avoir réellement intégré. « Supprimer les stimuli, et l'individu n'a aucune vie », nous dit encore Winnicott, car « pour pouvoir être et avoir le sentiment que l'on *est*, il faut que le faire-par-impulsion l'emporte sur le faire-par-réaction [6] ». Dès lors, l'écoute n'équivaut pas à une simple réception, elle s'éduque et se transforme, elle est attention et intention.

Thomas a maintenant 13 mois. Allongé sur le ventre, il se rapproche de deux rhamagongs [7] posés sur le sol. Il tape en alternance sur chaque tambour avec une petite baguette, puis il récupère son doudou, s'en sert pour taper à nouveau, le délaisse, reprend la baguette cette fois en utilisant l'autre extrémité du manche, la retourne enfin comme au début. Il se met à chanter en même temps sur tatata. Visiblement, c'est le geste qui lui donne l'élan vocal. Il s'arrête, continue à chanter tout en maintenant le rythme du bras en l'air. Les coups de tambour reprennent, accompagnés d'un chant plus indépendant. À la fin, la voix continue seule sur un son continu et décroissant. Quelques coups de tambour, puis Thomas écoute les sons extérieurs.

Thomas « travaille » son instrument en recherchant différentes utilisations sonores du tambour avec les matériaux qui sont à sa disposition. Après quelques essais moins concluants, il retrouve la résonance du tambour, et joue à alterner deux sons de hauteur différente. Il explore également sa voix en parallèle du son de l'instrument, qui résonne en écho et accompagne le geste moteur. Véritable bulle

6. D. W. Winnicott,. *Conversations ordinaires*, 1988, p. 31.

7. Tambourin muni d'un manche transversal.

sonore (Thomas a ses oreilles au même niveau que les tambours), mise en vibration de tout son corps.

Nous rejoignons Pierre Schaeffer lorsqu'il discrimine l'écoute passive de l'écoute active : « Dans un son qui m'est proposé, je m'aperçois qu'une écoute passive me fait entendre ce qui "domine" dans l'instant présent, mais une écoute active, volontaire, me permet d'entendre ce que je veux entendre, ce que je "vise" [8]. »

L'attention du bébé a particulièrement été étudiée par Daniel Stern à partir d'observations des interactions entre la mère et son enfant. Le regard joue un rôle essentiel dans la durée et la qualité de l'interaction. On peut faire l'hypothèse que le regard porté par l'enfant sur autrui est souvent synonyme d'une réponse sonore ou d'une sollicitation à laquelle l'adulte répond.

Daniel Stern remarque que les mères d'un nourrisson de 3 à 5 mois lui laissent le contrôle – de l'initiative et de la fin des contacts visuels directs pendant des activités sociales. « En contrôlant la direction de leur regard, les nourrissons régulent eux-mêmes le niveau et la quantité de stimulations sociales dont ils sont l'objet. Ils peuvent détourner les yeux, les fermer, regarder fixement ailleurs, prendre un regard vitreux. [...] Ils peuvent aussi reprendre l'initiative de la rencontre et du contact quand ils le désirent, par le regard, le sourire ou les vocalisations [9]. »

Le regard témoigne d'une capacité mais aussi d'une intention, celle de rechercher le contact du regard de l'autre,

8. Pierre Schaeffer, *op. cit.*, p. 148.

9. Daniel Stern, *Le Monde interpersonnel du nourrisson*, Paris, PUF, p. 36.

l'échange visuel ou sonore. Par son regard, non seulement le nourrisson manifeste un intérêt pour quelqu'un ou quelque chose, mais il mesure aussi le temps de son écoute. En cela, il apprend à maintenir son attention de façon plus ou moins longue, à entendre, sélectionner et qualifier les objets de son écoute.

Pour Stern, le bébé de 2 à 7 mois ressent sa mère et lui-même comme « des auteurs distincts physiquement » qui ont des expériences affectives différentes. Puis entre 7 et 9 mois, il découvre qu'à l'extérieur, il y a d'autres psychismes analogues au sien. Des états mentaux subjectifs – émotions, raisons, intentions –, qui apparaissent derrière les événements physiques, peuvent maintenant être « lus », harmonisés, coïncider ou être accordés (ou être mal lus, mal harmonisés, ne pas coïncider ou ne pas être accordés) [10].

Par ailleurs, il invente la notion « d'accordage affectif » pour traduire le comportement des mères dans une relation d'échange et de jeu avec leur enfant à partir de 9 mois. Plus qu'une simple imitation de ses gestes, mimiques, vocalisations, cet accordage reflète l'état émotionnel du bébé. L'auteur l'appelle un « partage intersubjectif de l'affect ». Il s'agit pour la mère d'entendre et de traduire quelque chose de l'expression de l'enfant dans une autre modalité sensorielle. Par exemple, l'effort d'un mouvement par une voix correspondante (dans sa dynamique, sa durée, son intensité…). D'une certaine façon, l'adulte se met au diapason de la sensation qui est à l'origine d'un comportement. Dans certaines circonstances, les jeunes

10. *Ibid.*, p. 44.

enfants s'accordent aux propositions musicales de l'adulte. Ils interprètent, voire composent, à partir d'un événement visuel ou sonore.

Dans le cadre de notre recherche et de notre pratique professionnelle, nous avons tenté de capter des moments où les enfants entraient, de par leur intérêt, leur comportement, en résonance émotionnelle et ludique avec les matériaux sonores proposés.

Quel que soit le matériau utilisé (voix, instrument, musique enregistrée), seules la présence et l'écoute impliquée de l'adulte permettent à l'enfant de faire sien le son et de l'explorer. Le point de départ de l'exploration partagée peut être indifféremment une production de l'adulte ou de l'enfant. L'essentiel consiste en l'émergence d'un espace-temps où se rencontrent l'attention, l'intention et l'émotion de l'un et de l'autre.

Je joue un air à la kalimba [11] près de Carine, 11 mois, qui se tient debout légèrement soutenue par mon assistante. À la fin d'une phrase musicale, je m'arrête et présente l'instrument à Carine, qui se met à tapoter de toute la main l'instrument, sur la même pulsation [12], en faisant tinter les sonnailles disposées sur les lames de métal. Lorsqu'elle s'arrête, je reprends plus ou moins fidèlement la mélodie initiale. Après quelques séquences de ce dialogue, Carine répond en se

11. Instrument constitué de petites lamelles métalliques fixées sur une planchette ou une petite caisse de résonance en bois, appelé aussi piano à pouce ; on égrène les lamelles avec les doigts pour obtenir des mélodies douces et variées.

12. Division rythmique régulière sur laquelle se développe la ligne mélodique.

balançant de gauche à droite, puis une dernière fois en m'adressant un grand sourire.)

Carine reprend successivement le rythme des sons par son geste de frappe sur les anneaux entourant les lames métalliques puis dans un balancement corporel de gauche à droite. Le regard et le sourire qu'elle m'adresse ensuite sont une façon de reconnaître le fait que nous étions accordées.

Thomas a 14 mois. Paule, l'assistante maternelle s'occupant de Thomas joue tranquillement à tapoter une balle de ping-pong sur une cymbale, explore la résonance selon le point d'impact. Thomas face à elle prend un rhamagong et le fait résonner en tapant sur la tranche de l'instrument, en se balançant vers la droite et la gauche. Tel un écho, une façon de doubler les sons de Paule. Loin de l'interpeller, Thomas dissocie peu à peu son jeu de celui de l'adulte pour écouter simplement, un peu rêveur.

Lorsque l'adulte explore les sons que produit la balle sur la cymbale, Thomas trouve d'une certaine façon, une transposition en faisant rebondir et résonner les tambours, en percutant la tranche métallique sur le sol. Son attitude d'écoute s'inspire de l'écoute assidue de l'adulte.

Dans le jeu avec les sons, l'intention va jouer un rôle de première importance : l'intention qui peut être perçue à travers le son, ou l'intention personnelle qui sous-tend la création d'un son.

Reprenons l'histoire de l'enfant jouant avec un brin d'herbe, racontée par Pierre Schaeffer : « L'auditeur pratique deux écoutes : la musicale, qui lui fait repérer un son plus aigu, un autre plus grave, un bref, un long, etc., mais grossièrement ; et une autre écoute, la musicienne, beaucoup plus raffinée. Il ne peut que s'identifier à l'enfant, souffler avec lui, réussir ou rater : l'herbe claque, festonne, se raidit, éclate, c'est comme s'il en jouait lui-même. Le souffle est court, long, bien pris, hâtif ; c'est encore l'auditeur à la torture, à qui manque le souffle [13]. »

Nous retiendrons ici : « Comme s'il en jouait lui-même. » L'écoute pourtant extérieure de l'auditeur s'intéresse à la façon dont le son jaillit, à travers sa qualité sonore bien sur, mais aussi par un ensemble complexe d'informations ; un son plus ou moins réussi, le souffle, les hésitations... Il participe pleinement à la démarche ludique de l'enfant, à ses impressions, perceptions, émotions. À travers l'écoute donc, l'adulte partage une certaine invention musicale. La dimension affective traverse la recherche sonore, elle est partie prenante ici de l'écoute « musicienne ».

Pierre Schaeffer invente également la notion d'écoute réduite, qui consiste à écouter le son *pour lui-même*, comme *objet sonore,* en faisant abstraction de sa provenance réelle ou supposée, et du sens dont il peut être porteur. Le petit enfant nous semble développer cette écoute réduite car il passe la majeure partie de son temps d'éveil à vocaliser, exercer sur les objets différentes expérimentations sonores. Il faut dépouiller le son de tout ce qui n'est « pas lui » pour ne plus écouter que celui-ci, dans sa matérialité, sa substance, ses dimensions sensibles [14]. Loin d'une écoute ordinaire, celle-ci nécessite une volonté.

13. Pierre Schaeffer, *op. cit.*, p. 340.

14. Michel Chion, *Guide des objets sonores, Pierre Schaeffer et la recherche musicale,* INA-GRM - Buchet/Chastel, 1983, p. 33.

Au quotidien, le jeune enfant baigne à la fois dans un univers d'objets sonores concrets et de situations musicales variées, dans son milieu familial, éducatif et social. Mais son invention reste dépendante de l'intention d'écoute qu'il pourra ou non partager avec d'autres, car pour accéder à l'écoute réduite, « la question n'est pas que chacun entende comme son voisin, la même chose que lui, mais dans le même sens, avec la même visée [15]. »

Dans le « tourbillon d'intentions » traversé par l'adulte et l'enfant, « l'essentiel est d'avoir conscience d'un certain but final, au profit duquel les autres activités de perception travaillent [16] [...] »

Dans nos cultures occidentales, on oublie trop souvent qu'un jeune enfant a besoin de côtoyer simplement des musiciens pour développer son propre désir d'entendre et de jouer de la musique. Les premières émotions musicales naissent de moments de partage et d'échanges. On ne peut dissocier la découverte d'un son ou d'une musique de son support. Un musicien, un orchestre, un chœur font vibrer la voix ou l'instrument et sculptent un espace sonore. Le plaisir de l'écoute est à la fois de voyager dans cet espace et de partager une manifestation profondément humaine.

Pour que la musique prenne un sens dans la vie d'un tout petit enfant, il faut qu'elle existe réellement dans ses dimensions sensorielles et sociales.

15. *Ibid.*, p. 271.

16. *Ibid.*, p. 343.

Agnès Chaumié

Crèche en chanson

Pas besoin d'aller au conservatoire pour fredonner la chansonnette. Nulle méthode pour bercer son enfant, ou, plus tard, faire des rondes dans la cour de récréation : la chanson entendue à la radio, la berceuse retrouvée à la naissance de son enfant, le jeu chanté avec les copains, nous les avons tous appris « d'oreille » sans aucune connaissance musicale. C'est une affaire de mémoire, et surtout, puisque l'on retient mieux ce qui nous touche, une affaire d'émotion.

Pratique vocale et changement social

Pourtant, on constate que le simple fait de chanter tend à s'amenuiser du fait des changements rapides de notre société. L'éclatement des familles, les déracinements petits ou grands, le cloisonnement entre vie familiale et vie professionnelle, le

Agnès Chaumié, musicienne, Enfance et musique, *Pantin.*

travail des femmes, et les nouveaux modes de garde qui en découlent, ont rendu difficile la transmission. Avec l'arrivée du disque, puis de la télévision, la chanson a perdu, sans doute, une part de proximité et de spontanéité. Ce phénomène touche plus particulièrement le répertoire enfantin. La richesse culturelle et l'ouverture sur le monde qu'apportent ces médias ont parfois tendance à s'opposer à l'appropriation et à la transmission de sa propre culture.

Pourtant, la chanson reste un art extrêmement populaire. Elle est très présente dans notre vie quotidienne, et notre répertoire s'enrichit constamment de nouvelles chansons. Celles-ci subissent de multiples influences ; le mélange des cultures nous apporte des rythmes différents, des instrumentations nouvelles. Et les styles se succèdent, car la chanson est un art vivant, donc changeant. Au regard de cette « modernité », les chansons enfantines peuvent paraître ringardes, remisées dans un répertoire figé, c'est-à-dire loin du monde actuel. Elles se transmettent de génération en génération, et prennent racine dans la tradition ou dans notre propre mémoire d'enfant. Ainsi, certains adultes pensent ne pas connaître de chansons pour leurs enfants et oublient leur patrimoine personnel au profit des chansons des médias. D'autres les trouvent sans intérêt ou désuètes. Pourtant, le folklore enfantin s'enrichit perpétuellement de chansons modernes. « Une chanson douce que me chantait ma maman » est une chanson d'Henri Salvador qui a bercé, et continue de bercer, de nombreux enfants. Elle fait maintenant partie du répertoire de la chanson enfantine et, comme d'autres, paraîtra bientôt sans âge. Différemment, certains parents, soucieux de donner le meilleur à leur enfant – dans une époque où un éveil idéalisé serait un gage de réussite –, doutent de leur capacité, fantasment sur le rôle de la chanson et préfèrent le disque ou le spécialiste ! « Je n'ai pas une belle voix… » ; « Je ne chante pas juste, j'ai peur de donner une mauvaise oreille à mon enfant. » « La chanson qui me revient en mémoire, c'est "La souris verte", mais elle me paraît si bête… » « Quel est le bon répertoire pour les enfants ? » Toutes ces interrogations troublées montrent qu'un fil s'est altéré, détruisant la confiance ou l'intérêt envers son propre patrimoine de chansons.

Par ailleurs, les enfants sont de plus en plus souvent en collectivité, dans les crèches, les haltes-garderies, et les autres lieux d'accueil. Souvent, les adultes qui en ont la charge n'osent pas chanter. En effet, il n'est pas forcément naturel de se mettre à chanter devant les autres. La voix entendue habituellement pour parler est alors écoutée avec ses particularités sonores, elle apparaît beaucoup plus comme une identité. Il n'y a plus le sens des mots pour masquer le timbre de la voix, mais il y a une chanson à laquelle il faut donner une âme. Et cela n'est pas facile dans un cadre professionnel qui invite souvent à la réserve sur son intimité ! Pourtant, il suffit parfois qu'une personne ose : la chanson retrouve alors un peu de sa place naturelle.

Pour que la chanson fasse partie de la vie des enfants, elle doit retrouver une place dans les liens de proximité, être une pratique culturelle vivante.

Consciente de ces difficultés, l'association Enfance et musique a toujours eu à cœur d'imaginer des moyens pour aider les adultes à retrouver leur patrimoine et le plaisir de chanter.

L'enregistrement « mémoire »

Malgré ces difficultés, les adultes sont souvent demandeurs de nouvelles chansons pour sortir de la routine. Dans des lieux d'accueil de la petite enfance, intervenant comme musicienne pour l'association Enfance et musique, je chante beaucoup et je leur apprends de nouvelles chansons. Pour les retenir, nous les enregistrons ensemble sur une cassette audio. C'est souvent un moment chaleureux, par le simple fait de chanter en chœur, à une ou plusieurs voix, et de s'écouter les uns les autres. Les adultes prennent plaisir à chanter, et redécouvrent souvent les chansons qu'ils chantaient auparavant. En outre, ces chansons constituent un répertoire commun qui devient un lien pour l'équipe. Cette cassette plaît énormément aux enfants, qui demandent à l'écouter encore et encore. La mauvaise qualité de l'enregistrement et le côté amateur ne les gênent pas du tout. Ils reconnaissent les voix familières et sont sensibles au côté « vivant » de cet enregistrement.

La cassette « lien »

Dans certains lieux, les adultes, plus à l'aise, diffusent ce répertoire sur une cassette comme cadeau souvenir pour les enfants, ou bien pour les parents désireux de connaître les chansons que les enfants leur réclament. À la maison, les parents peuvent alors chanter avec leurs enfants et partager le même répertoire. C'est un petit bout du lieu de vie des enfants qui se transporte à la maison ; la cassette fait partie des liens qui peuvent se tisser entre les deux lieux. Cette cassette « mémoire » devient ainsi une cassette « échange ». Elle permettra de partager cette trace avec d'autres, en vacances, chez les grands-parents, à l'école et dans tous les lieux où l'enfant désirera l'emporter. L'enfant sera fier de voir ses chansons reprises par d'autres. Ce répertoire, en devenant commun à plusieurs personnes, deviendra plus facile à chanter et donc plus vivant pour l'enfant.

Cette expérience me paraît toujours riche. Par ce travail d'enregistrement, les adultes accordent une valeur aux chansons, ils en reconnaissent l'importance dans la vie des enfants. Ce n'est plus seulement un moyen de retour au calme (ce qui peut vite être le cas dans les lieux collectifs). À leur manière, ces cassettes tout à fait « amateurs » réinventent une forme de transmission orale.

L'association Enfance et musique a accompagné de nombreuses fois des équipes dans la réalisation de ces enregistrements sur un plan technique et musical.

Crèche en chanson

Avec certaines équipes, ces projets sont devenus des disques produits par Enfance et musique. L'association a fait le pari que la richesse et l'originalité de ces cassettes « témoignages » puissent intéresser un plus large public.

Le premier disque, *Tralalère,* chanté par l'équipe de « La maison des tout-petits » (lieu d'accueil à Paris pour des enfants de 1 à 3 ans), a été réalisé en 1991. C'est à la suite de leur demande d'améliorer la qualité de leur cassette « mémoire » que Marc Caillard, directeur de l'association, m'a proposé d'apporter ma collaboration de musicienne. Il lui est tout de suite apparu que ce type de projet pouvait répondre aux préoccupations d'Enfance et musique : « Comment recréer une unité sociale et culturelle autour du jeune enfant ? Comment redonner vie aux fragments de culture apportés par chacun au sein d'une collectivité ? Comment recréer un patrimoine commun autour du jeune enfant ? Comment imaginer des modalités d'action pour que l'éveil musical s'inscrive dans le lien social ? » Ce projet « Crèche en chanson », conceptualisé par Marc Caillard, a été repris pour d'autres réalisations. Ainsi, le disque *Papoum,* réalisé en 1993, s'inscrit dans une longue collaboration entre la musicienne Hélène Bohy[1] et une crèche de Seine-Saint-Denis, les Marnaudes. Enfin, *Pomme d'amour*, sorti à Noël 1999, est le résultat du formidable travail d'une équipe soignante de l'hôpital Poincaré de Garches[2] avec Geneviève Schneider[3], qui en a assuré la direction artistique, sur des arrangements musicaux d'Harold Abraham.

Actuellement, un projet de ce type est en cours à Angers, avec les équipes d'une crèche, la Ribambelle, et d'une halte-garderie, Tom Pouce, qui ont su donner une place particulièrement vivante à la chanson. Onze parents, huit professionnels

1. Hélène Bohy, artiste interprète, associée au projet d'Enfance et musique, formation-création.
2. Service de réanimation et de rééducation neuro-respiratoire du professeur Estournet-Mathiaud.
3. Geneviève Schneider, Enfance et musique, musicienne, formatrice.

de la petite enfance et moi-même nous sommes engagés dans l'aventure depuis un an.

L'idée de cette collection « Crèche en chanson » est de privilégier les voix dans leur simplicité, mais aussi la vie dont ces chansons gardent la trace, les moments d'émotion qu'elles ont permis dans les relations avec les enfants.

En confiant la direction artistique et la conception musicale à un musicien professionnel, Enfance et musique souhaite apporter une dimension musicale qui mette en valeur, pour tous ceux qui l'écouteront, l'originalité de ces disques chantés par des « amateurs ».

Le travail de création musicale se construit dans un échange entre le musicien et les personnes concernées par le projet, à partir de leur répertoire de chansons, anciennes, modernes ou inventées.

De l'échange spontané à la rigueur de l'enregistrement

Un projet artistique pose plusieurs questions. Comment restituer l'ambiance particulière à chaque lieu et l'originalité des personnes qui l'animent ? Comment garder la spontanéité de chacun tout en visant à une exigence artistique qui nécessite un certain travail ? Comment adresser ce disque à tous les enfants qui plus tard l'écouteront, tout en respectant l'objectif premier de l'offrir aux enfants concernés par le lieu ? Comment transposer dans la musique l'émotion qui se vit dans ces jeux chantés avec les tout-petits ?

C'est bien souvent la qualité de l'échange entre l'adulte et l'enfant qui donne de la force à une chanson. Le jeu de nourrice, où tout est dans le plaisir du jeu, ne peut exister sans prendre en compte les réactions de l'enfant ! Par exemple : « La petite bête qui monte, qui monte, qui monte...guili guili guili ! » Cette formulette, qui fait partie du répertoire de la chanson enfantine, porte bien son nom de jeu de nourrice. Le jeu est de faire attendre les chatouilles ; le suspense dure le temps du trajet de la main de l'adulte sur le corps de l'enfant. On y joue pour rire et être complice. Le jeu sera mille fois répété, identique à lui-même et pourtant jamais pareil. Certaines fois, le trajet est si court que les chatouilles se répètent avec une extrême rapidité. D'autres fois, la main change de trajet, mettant en jeu d'autres parties du corps, à moins que ce ne soit le rythme des doigts qui change, ou encore le timbre de la voix. Il est intéressant de noter que cette petite formule, à la limite du parlé chanté, est très proche des jeux de babillage qui s'inventent spontanément dans des moments d'échange avec un nourrisson. Mais sa particularité est d'être mémorisable puisque le rituel revient toujours. Cela permet à l'enfant d'anticiper et donc d'être vraiment partenaire de l'adulte. L'enfant y fait l'expérience de la notion d'espace-temps, son corps est la partition sur laquelle se déroule le temps, nous rappelant que la musique, comme le langage, prend sa cohérence à la fin de la phrase. On peut parler d'un jeu tout à fait interactif, permettant avant tout des moments de communication et d'intimité.

Il existe de nombreux jeux chantés : jeux de balancements, jeux de doigts, de nourrice, sauteuses... : « Bateau sur l'eau »,

« À cheval sur mon bidet », « Une poule sur un mur », etc. Partout, on retrouve cette importance du jeu et de la complicité. Chacun a ses qualités particulières qui lui donnent force et cohérence. Choix des mots dans leurs sonorités *: picoti picota* fait l'index qui picore dans la main de l'enfant ; rythme du geste qui suit le rythme de la pulsation ou celui des paroles : *bateau sur l'eau* berce agréablement ; une dimension « dramatique » et souvent symbolique apporte une vraie valeur au jeu : séparation : *plouf !* ; disparition : *et puis s'en va !* Toutes sont de petites histoires qui entraînent dans l'imaginaire. Au-delà de la compréhension des mots, c'est dans l'expérience corporelle et plurisensorielle de ces jeux de nourrice que l'imaginaire se construit. Qu'en restera-t-il sur un disque ?

D'autres chansons sont liées au mouvement. Il s'agit des premières chansons à gestes : « Ainsi font, font, font les petites marionnettes », « Pomme de reinette et pomme d'api », « Meunier tu dors »... Ici le geste vient soutenir l'attention. Le mouvement suit le rythme, entre dans la dynamique, met en valeur le rapport entre le geste et la musique, comme dans la danse. Parallèlement les mots prennent sens avec le mime. Comment transmettre cet aspect visuel dans un enregistrement ? La chanson ne risque-t-elle pas de perdre son intérêt sans les gestes qui l'accompagnent ?

Les berceuses, qui, comme les jeux de nourrice, existent dans tous les pays du monde, montrent à quel point la chanson s'inscrit dans une relation d'intimité.

Plus que la chanson elle-même, c'est la manière de chanter qui est importante. Certains adultes, à l'occasion d'une naissance, découvrent ou retrouvent une berceuse dont les paroles invitent au sommeil ; d'autres n'hésitent pas à faire entrer dans leur répertoire des chansons fétiches de leur adolescence, ou le dernier tube qui les a touchés. Certains inventent, et la composition peut être un simple « mm » répété inlassablement sur deux notes, ou prendre une forme plus complexe.

Que l'on berce pour calmer ou pour accompagner le passage vers le sommeil, c'est par le ton de la voix, chantée ou parlée-chantée, que l'adulte apporte réconfort et offre sa présence rassurante. Il s'agit d'un véritable accordage entre le corps de l'enfant et celui de l'adulte, car ce dernier adapte son propre tonus au tonus de l'enfant. La voix vient du corps ; l'adulte, inconsciemment, modifie son timbre de voix au fur et à mesure que l'enfant se détend. Peut-être est-ce d'ailleurs dans ces voix qui finissent murmurées ou détimbrées que s'inscrivent les origines de notre goût pour la mélodie et les chants de « blues » que l'homme a su créer dans toutes les langues du monde. Que vaut une berceuse sans la présence du souffle ?

Cette qualité de l'échange entre l'adulte et l'enfant, tellement indispensable pour permettre à une chanson d'exister avec le très jeune enfant, reste nécessaire quand il est un peu plus grand. C'est la petite phrase qui vient clore la chanson auprès d'un enfant particulièrement attentif. C'est le temps laissé à un autre pour reprendre les mots d'un refrain qu'il répète avec fierté. C'est le prénom des enfants mis à tour de rôle dans une chanson. C'est celle dont la fin dure de plus en plus longtemps car les enfants sont de plus en plus nombreux à participer aux sauts et à la bousculade qu'elle provoque…

Ces appropriations spécifiques à chaque enfant, ces adaptations perpétuelles aux différentes situations, le disque est bien évidemment incapable de les rejouer, mais il peut essayer de les transmettre. La chanson de « La petite bête » ou de « Bateau », mille fois répétée dans la réalité, serait, telle quelle, terriblement lassante.

Le jeu, matière vivante et changeante, s'adapte mal à la fixité du disque. Le témoignage sonore, tout comme un documentaire, ne peut être fidèle à toute la réalité. Hors contexte, l'auditeur sera surtout sensible aux « défauts » de la voix. Pour tenter de restituer dans un disque tout ce qui fait la force de ces chansons, il faut passer par un véritable travail de création, sur le son, la musique, l'interprétation…

Pour ma part, je crois que c'est en faisant appel à son émotion en tant qu'adulte, parent ou professionnel, et à la part d'enfance qu'il porte en lui, que le chanteur apportera une dimension créative à son interprétation. Une réflexion sur ce qu'il veut raconter, mais aussi un travail vocal lui donneront les moyens d'enrichir son expression vocale et la trace qu'il laissera sur l'enregistrement. En cela, ces disques demandent un investissement personnel important à ceux qui y participent.

Le musicien cherchera à provoquer l'imaginaire et l'émotion de l'auditeur. L'écriture d'arrangements musicaux, l'apport d'instruments de musique variés, l'utilisation de bruitages, le « bidouillage » de studio, seront autant d'éléments possibles pour ce travail de création.

Les disques de la collection « Crèche en chanson », dans la mesure où ils sont chantés par tous, autorisent peut-être plus facilement les adultes qui les écoutent à chanter à leur tour. L'appropriation est sans doute plus facile quand la voix qui chante est proche de la sienne. L'intérêt des enfants pour ces disques prouve que la qualité n'est pas toujours liée à la sophistication musicale, ni à la perfection vocale.

Chaque disque « Crèche en chanson » est tentative, en correspondance avec le monde actuel, pour que la chanson continue d'exister de façon vivante dans la vie des enfants avec les adultes.

Brigitte Lallier-Maisonneuve

Bébé est au spectacle

Si depuis 1992, j'ai fréquenté un certain nombre de crèches et d'établissements d'accueil de la petite enfance, si j'ai créé plusieurs « spectacles » dédiés aux très petits enfants et aux adultes qui les accompagnent, je ne suis pas partie d'une réflexion scientifique, ni d'une observation approfondie des comportements des bébés. Si j'ai lu quelques ouvrages sur la petite enfance, c'était plutôt une nourriture personnelle qu'une réelle base de travail.

Ma contribution sera donc quelque peu naïve, en tout cas simplement humaine ; je ne peux faire qu'une relation d'expériences nées d'intuitions. Ma parole est celle d'une artiste qui, à un moment de son parcours, choisit de se mettre à l'écoute des bébés et de ceux qui les entourent ; cette attitude implique de remettre en question une pratique artistique, d'oublier un

Brigitte Lallier-Maisonneuve, comédienne et metteur en scène, dirige le théâtre Athénor à Saint-Nazaire.

certain nombre de certitudes, de ne plus rien savoir « a priori » et de se mettre en risque : c'est accepter d'ouvrir un espace de recherche qui ré-interroge le théâtre.

Mon témoignage est aussi celui d'une femme qui, à un moment de sa vie, revient vers cette mémoire des origines, vers ce moment du tout début de la vie, de la naissance et de la toute petite enfance, noyau de mystère et de questionnement qui tente d'approcher au plus près le sens de la vie et de la mort.

C'est là, bien sûr, que la femme et l'artiste se rejoignent, puisque chaque acte artistique ne fait pas grand-chose d'autre que d'interroger le monde, de questionner la vie, la signification de l'être ; chaque tentative de création s'inscrit dans un vide laissé par un questionnement, par une énigme qui ne trouve pas de réponse. C'est dans ce vide que peut s'élaborer la création, dans une construction active de formes et de langages.

Ce que je peux dire en tout cas aujourd'hui, c'est que ces parcours du côté de la petite enfance m'ont appris beaucoup de choses ; ce travail n'est pas coupé de l'ensemble de mon travail artistique, il nourrit toute ma recherche, y compris quand je m'adresse aux adultes.

Je tiens aussi à ajouter que mon témoignage est celui d'une directrice de structure culturelle (théâtre Athénor à Saint-Nazaire) et que mon propos est enrichi de toutes ces expériences vécues, ces paroles échangées avec les artistes que nous accueillons pour créer à Saint-Nazaire : auteurs, compositeurs, metteurs en scène, comédiens ou musiciens…, qui croisent le monde de la petite enfance et s'y arrêtent un moment.

Au début, lorsque je suis allée dans les crèches, je n'avais pas l'intention de faire un spectacle pour les bébés, ni de leur proposer une expérience artistique, ni d'éveiller qui que ce soit à l'art. J'y suis allée pour moi, parce que je pensais que je pouvais y apprendre et y découvrir quelque chose dans le cadre de la recherche que je menais sur la mémoire, sur le son, la voix, la voix dans le corps… (mon travail se situe aux croisements de la musique et du théâtre, sur les chemins qui se tissent entre les deux). J'étais fascinée par les possibilités vocales des très petits enfants, la puissance vitale de leurs cris et j'ai vite été passionnée par leur façon extraordinaire d'être dans l'écoute, avec le corps entier, totalement concentrés depuis les cheveux jusqu'aux orteils, leur capacité à répondre avec une grande justesse aux propositions musicales. C'est une belle leçon sur notre façon très souvent parcellaire et distraite d'écouter ! On a pu observer combien les bébés sont capables d'amener les adultes qui les entourent à une écoute plus fine…

Un autre élément d'observation a été déterminant : c'est le rapport des bébés et des très petits enfants au temps, un temps que je qualifierai d'organique : le temps de la respiration, un temps qui ne demande pas forcément à être « rempli », un temps qui peut se suspendre et qui invite simplement à la présence tranquille. Je dois dire à ce propos que, lorsque l'on entre dans les crèches, on a immédiatement une sensation : il y a les crèches « remplies » de bruits, de cris, d'agitation, où l'écoute n'est pas attendue, et des crèches où règne un « espace vide » propice à l'écoute et aux rencontres, un espace de « possibles » qui est dans l'air…

Ce que je tente d'évoquer ici de l'intérieur, c'est donc le parcours de recherche qui pousse un artiste à s'aventurer sur le chemin de la petite enfance, c'est un processus de création qui s'alimente de rencontres avec des bébés, avec des professionnels de la petite enfance, avec des mères de toutes origines.

C'est une aventure artistique qui s'ancre dans une aventure humaine pour interroger le rapport à la création, pour questionner le théâtre, pour tenter de poser un peu autrement le rapport à la culture, en allant à la rencontre d'autres modes de relation au réel et au quotidien, et aussi d'autres cultures.

Un parcours à l'écoute des très jeunes enfants

Le travail a commencé par des choses très concrètes : aller dans une crèche, une halte, un quartier, une PMI, une maternité…, se poser là, dans un petit coin, sans objectif précis, sans obligation de résultat. Attendre, écouter, regarder, sentir, humer l'air…, prendre le temps de ne rien faire. Être là, dans ce temps organique, le temps du corps, du souffle. Entrer dans cette matière. Prendre le rythme du jour qui passe. Échanger un geste. Retrouver les éléments les plus simples : l'eau que l'on verse, que l'on transvase, l'eau qui éclabousse, l'eau du jeu et des premiers plaisirs ; le sable que l'on touche avec les doigts, avec les pieds, le sable que l'on mouille et qui se travaille comme une pâte ; le sel que l'on goûte en riant ; le feu, la flamme de la bougie que l'on regarde bouger et qui fascine… Prendre des graines, les laisser filer entre les doigts… Mettre toute la concentration du corps, de la pensée, de la respiration dans ce geste. Et puis, écouter les bruits, les sons, les voix…, chanter ; échanger des chants, des mots, des comptines. Aller au plus simple, au plus juste, et retrouver quelque chose d'un regard « premier ».

À partir de cette confrontation avec le tout-petit que nous ne sommes plus, avec son mode d'être au monde, il s'agit non pas, bien sûr, de reproduire ou d'imiter, pas forcément non plus de raconter une histoire, mais de travailler avec notre imaginaire d'adulte sur cet écart qui nous sépare de la toute-petite enfance, et qui est la trace d'une mémoire, pas seulement celle de notre propre enfance, mais cette mémoire collective, commune à l'adulte et à l'enfant, celle dont nous parlent les contes, celle qui rejoint les mythes.

C'est pourquoi ces sensations, ces moments vécus auprès des bébés, des mères, sont comme un terreau, un lait qui va nourrir une forme. Ces petites bulles de quotidien sont « avalées », digérées. C'est une matière vive, une matière en mouvement qui va être malaxée dans l'imaginaire intime de l'artiste : peu à peu, une forme se crée, elle naît du choc des émotions, de la contiguïté des espaces et des univers rencontrés – c'est le rituel des gestes les plus purs, l'odeur magique d'un instant, le silence d'un moment suspendu, la sensualité organique des matières brutes, les sons d'une langue inconnue. Des éléments du réel sont mêlés, emmêlés, entrelacés, les contraires se choquent et se rejoignent donnant des sensations neuves, étranges : la rondeur des calebasses africaines côtoie la légèreté des tissus soyeux ou la rugosité des draps et des serviettes ; la mélodie d'un chant séfarade voisine avec une écriture musicale contemporaine ; la musique s'écrit avec le son des matières, des objets et la voix chantée, langage charnel, premier lien de communication au monde.

Nous sommes dans un univers inconnu et familier, là où, à partir d'un geste, d'un son, d'une sensation, peut naître en chacun une émotion inattendue, peut émerger ce qui ne peut se dire dans le discours, la trace de l'indicible…

La rencontre de l'enfant avec le spectacle

Les spectacles qui sont nés de ce parcours sont des petites formes très concentrées où l'enfant – comme l'adulte – peut donc trouver face à lui une émotion première, une sensation de déjà-vécu qui peut ensuite se dire avec les mots dans un moment partagé entre les adultes et les enfants.

Je voudrais évoquer ici deux histoires, témoignages de ces émotions, qui prennent appui sur deux spectacles.

« L'air de l'eau » est un spectacle fait de sons, de chants et de matières : le sable et l'eau ; la présence d'un homme et d'une femme, leur rencontre au rythme du sable qui se mélange à l'eau et, à partir de la rencontre, un espace de vie qui se construit… Dans cet espace, naissent l'étincelle, le feu, la nourriture et, enfin, la parole. Les spectateurs, petits et grands, sont assis sur des coussins de la couleur du sable, très près. À la fin d'une représentation, je me souviens de ce petit garçon de 2 ans environ, qui était depuis quelques jours en France, dans une famille d'accueil ; il arrivait d'un pays en guerre. Il s'est approché du sable, il est resté là, un long moment sans rien dire, debout ; puis il s'est accroupi dans le sable, l'a touché doucement. Au bout d'un long moment, il a couru vers la personne qui s'occupait de lui, et, la prenant par la main, l'a amenée vers l'espace de sable pour qu'elle touche elle aussi, avec lui, le sable. Ce moment d'émotion intense qu'il a eu besoin de faire partager a, peut-être, pu être un gué pour aider le passage et solliciter un autre regard de l'adulte, pour commencer à construire…

Le deuxième témoignage, est un très beau texte écrit par Pascale Mignon. Elle était présente, ce jour-là, dans une halte-garderie pour un de nos spectacles, « Petits concerts », qui vient se tisser dans le quotidien des crèches. Elle m'a autorisée à la citer ici : « Étienne passe plusieurs matinées par semaine à la halte-garderie. Aujourd'hui, la halte ouvre ses portes à de “Petits concerts”. De “Petits concerts” qui viennent bouleverser le temps, et le quotidien de la halte. Étienne, comme à son habitude, regarde par la fenêtre vers les pelleteuses teintées de soleil, qui creusent encore dans le terrain voisin, comme à la recherche d'un trésor caché, un secret oublié. Étienne a près de 3 ans. Il a l'air sérieux, peut-être même soucieux, si ce n'est triste. Son visage a les traits de l'opacité.

“Petits concerts” n'est pas un spectacle comme les autres : une artiste chemine et chante ici et là, là et encore ailleurs, toute la matinée dans la halte. Le spectacle se trouve mêlé, emmêlé au quotidien de la vie. Une mélodie aux accents d'une langue connue ou inconnue, flotte, prend place ou s'envole plus loin encore.

Étienne n'entend pas tout de suite la voix chaude, dont la provenance n'est pas encore certaine, dont on ne sait pas encore si elle vient de l'intérieur, ou si elle fait fi de l'épaisseur des murs, et les franchit, sans qu'ils soient un obstacle à sa présence.

Est-ce parce qu'il l'a entendue ou pour une autre raison qu'Étienne s'éloigne alors de sa fenêtre et s'approche d'une table ? Il est là, debout, immobile : les deux mains sur la table, il attend. La voix s'approche, tout près, mais il ne bouge toujours pas, comme insensible, presque froid à l'égard de ce qui se passe autour de lui.

L'artiste, maintenant à côté de lui, a dans les mains quelques graines concassées qu'elle fait glisser, sur la table, doucement entre ses doigts, comme une fontaine. Elle chante, Étienne ne la regarde pas, mais il approche sa main des graines écoulées ; il les fait glisser par terre comme pour effacer leurs traces ou peut-être pour découvrir leurs secrets. La chanteuse s'éloigne ; Étienne tout aussi impassible continue son geste. Puis deux grosses larmes coulent de ses yeux qui ne regardent toujours personne. Elles coulent sur ses joues puis tombent sur la table. Comme avec les graines de la fontaine, il les efface, d'un geste lent, du bout de ses doigts. Il veut les faire tomber sur le sol, mais elles ne tombent pas. Elles tracent doucement sur la table de fragiles sillons silencieux. Ces larmes, qu'il perd malgré lui, sont comme un miroir aux reflets d'une parole enfouie, mais pourra-t-il s'y reconnaître si personne ne lui dit qu'il s'agit de lui ?

Comme le saule au bord de l'eau, qui, par un jour de grand froid, retient ses larmes en perles de givre, et les laisse fondre dans la rosée du printemps, Étienne, le temps d'une chanson, de l'écoute d'une voix, d'une mélodie, le temps d'une présence, a laissé le printemps cheminer au creux de sa vie.

Comme la voix s'était éloignée sur le fil du temps, elle réapparaît sur la portée de vent. Alors Étienne écoute, Étienne se retourne, Étienne s'approche, regarde, touche la chanteuse aux perles-fontaines, et du haut du petit toboggan se laisse glisser avec ravissement, un grand sourire sur les lèvres.

Juste le temps de “Petits concerts” pour que de si fortes émotions émergent de l'ombre, ces émotions dont le sens nous échappe, mais qui sont le reflet d'une part d'Étienne, qui ne parle pas, ne parle plus depuis qu'une petite sœur a été accueillie à la maison.

Juste le temps de “Petits concerts” pour que des professionnels puissent avoir un autre regard, et une autre parole encore, sur un petit garçon devenu silencieux, qui ne peut traduire en mots les différents bouleversements de sa vie.

Et si le théâtre et les autres propositions culturelles que l'on offre aux enfants tout petits, à leurs parents et aux professionnels, traçaient le temps d'une fugitive rencontre, les contours de ce monde intérieur indicible ? Et s'ils dévoilaient, le temps d'un lever de soleil, les rives de ce monde dont nous nous sommes éloignés et qui, en l'absence de vent, enveloppe de brume ses traces et ses empreintes ? »

Conclusion

Ces moments plongent l'artiste et les spectateurs dans une expérience personnelle, intuitive du vivant, les questionnements les plus fondamentaux sont posés là de façon organique, sensuelle, directe, parce que l'enfant invite l'adulte, donc l'artiste, à s'ouvrir, à aller au plus essentiel, au plus profond de la part d'enfance, au plus urgent de ce qu'il a à dire, hors des codes et des repères habituels. Ces petits moments sont le noyau irréductible de l'instant de théâtre où quelque chose se joue face à des êtres qui regardent. C'est la matérialité d'une présence de l'artiste qui ne peut plus tricher, la plénitude d'un instant d'écoute, le moment suspendu d'une respiration juste pour une première expérience artistique à partager avec tous les spectateurs – adultes et enfants, professionnels et parents, gens de toutes cultures et de toutes langues qui veulent bien risquer l'inconnu de leur propre imaginaire et de leur émotion dans un moment silencieux d'écoute. L'enfance invite à approcher ce « presque rien » qui change tout, dont parle Jankélévitch.

Laurence Salvadori

« Elle danse pour les bébés »

Danseuse et chorégraphe de formation contemporaine, j'enseigne la danse dans les cadres associatifs et scolaires depuis 1977. En octobre 1996, j'ai créé la compagnie Ouragane à Igny dans l'Essonne, afin de développer un travail de création chorégraphique en direction de la petite enfance, ainsi que des projets de formation pour les professionnels et une recherche autour de la spécificité de la danse par rapport au tout-petit.

Ma rencontre avec le petit enfant s'est faite, il y a neuf ans, à travers mon expérience de mère et quatre années de crèche parentale. L'appel a été très fort. L'idée de créer un spectacle destiné aux tout-petits a peu à peu germé en moi, alors que j'avais arrêté d'exercer mon métier pour élever mes enfants.

Pour construire mon projet et trouver l'élan nécessaire à sa réalisation, j'ai entrepris de me former auprès de l'association

---

Laurence Salvadori, danseuse et chorégraphe, compagnie Ouragane, Igny.

« Éveil culturel et petite enfance », lors d'une session intitulée « Formation longue durée à l'éveil culturel et artistique du jeune enfant ».

En confrontant mon regard et mon expérience à ceux d'autres artistes (musiciens, comédiens, conteurs, platiciens) désireux, comme moi, d'élaborer un projet pour la petite enfance, et grâce à un encadrement de qualité, j'ai acquis une meilleure connaissance du jeune enfant et des structures qui l'accueillent.

À l'issue de ma formation, j'ai rédigé un mémoire intitulé « Le spectacle dans les structures d'accueil de la petite enfance », qui faisait état de la réflexion que j'ai menée concernant la création destinée aux très jeunes enfants et les modalités d'accueil d'un spectacle dans un lieu de vie des tout-petits.

En 1997, j'ai donc créé le spectacle *Murmure*, solo pour les enfants à partir de 18 mois que j'ai, à ce jour, joué environ deux cent cinquante fois en crèche, halte-jeu, pouponnières, écoles maternelles et structures culturelles.

Il est conçu dans une forme légère et ne nécessite pas de moyens techniques importants, ce qui lui confère la possibilité d'être présenté dans de petits lieux qui ne sont pas forcément des lieux de spectacle.

Il n'y a pas de narration à proprement parler, ma proposition reste ouverte sur l'imaginaire. Il s'agit plutôt d'un voyage poétique à travers un univers au sein duquel chaque enfant peut inventer sa propre histoire. Le spectacle se déroule autour d'un jeu d'apparitions et de disparitions à travers un décor constitué de panneaux à trappes. Les séquences, très courtes, se succèdent de manière à relancer l'attention des spectateurs. La durée totale du spectacle est d'une demi-heure.

Je joue beaucoup sur l'effet de surprise et sur l'idée de la transformation. L'univers proposé s'adresse avant tout aux petits, mais il est fondamental pour moi que les adultes y prennent également du plaisir. La jauge oscille entre quarante et cent vingt enfants suivant leur âge et le lieu où le spectacle est présenté. Il m'est aussi arrivé de le jouer pour dix enfants, ce qui est rare mais assez extraordinaire !

Pour ce spectacle, qui est plutôt intimiste, j'ai choisi d'installer le public très près de moi. Je délimite mon espace de jeu par une corde qui fonctionne comme une frontière symbolique.

Quand les spectateurs entrent dans la salle, je suis agenouillée devant le décor de manière à les accueillir. Je ménage toujours un temps de parole, avant le début du spectacle, durant lequel je me présente, ce qui a pour effet de rassurer les petits, aux yeux desquels je peux paraître bien étrange lorsque je me mets à danser. De même, quand la représentation est terminée, je salue et je laisse raisonner l'atmosphère, parfois très silencieuse. Je n'aime pas disparaître trop vite.

La danse a cette particularité de toucher directement les très jeunes enfants. Il n'y a pas de problème de compréhension. Un dialogue s'instaure dès les premiers instants entre eux et moi. Ils s'émerveillent, rient, applaudissent, bougent, chantent, commentent, pleurent aussi parfois, ou bien restent silencieux… Je module mon jeu en fonction de leurs réactions. C'est un public exigeant et vrai. Un public particulièrement sensible et émotif que je respecte profondément et qui m'a donné, en tant qu'interprète, les émotions les plus bouleversantes que j'ai connues.

L'accompagnement des adultes est de mon point de vue fondamental dans la façon dont ils perçoivent le spectacle. C'est pourquoi la venue du spectacle dans un lieu, quel qu'il soit, est systématiquement accompagnée d'une rencontre en amont avec l'équipe qui travaille auprès des enfants ; il se déroule en présence de l'un des responsables de la structure culturelle lorsqu'il est joué en salle. Ce temps de rencontre est garant du bon déroulement de la représentation ; c'est l'occasion de créer un lien avec les adultes, de reconnaître leur place de spectateurs à part entière, de s'entendre sur les conditions d'installation des enfants, sur la mise en place d'un accueil pour ceux qui voudraient quitter la salle. C'est aussi l'occasion de définir la place des adultes durant la représentation et de susciter leur curiosité. Je leur remets des affiches de manière à informer les parents et à préparer les enfants. Par la suite, ce « signe » annonciateur du spectacle sera apprécié comme la trace d'un instant vécu.

Généralement, ce temps de préparation est très bien perçu par les professionnels qui abordent alors le spectacle avec une plus grande confiance. Je rencontre souvent une appréhension de la part des équipes qui craignent que les petits n'aient peur. La complicité qui s'instaure alors avec eux a des répercussions bénéfiques sur les enfants. L'événement a plus de sens ; il n'est plus seulement perçu comme un divertissement offert aux enfants, c'est un moment de partage entre petits et grands.

Pendant quelque temps, j'ai présenté le spectacle dans un lieu non conçu pour cela [1]. On imagine bien à quel point les éléments extérieurs peuvent parasiter l'attention des spectateurs. Après avoir été amenée à jouer dans les crèches mais aussi dans les théâtres – il est vrai qu'aujourd'hui je suis très partagée quant au fait de présenter un spectacle dans un lieu qui n'est pas conçu pour cela –, j'ai pu mesurer à quel point la magie opérait davantage en salle : magie de la boîte noire, du jeu des lumières, du cadre de scène…

La venue du spectacle dans le lieu de vie a un sens, mais en tant qu'artiste, je suis amenée à faire énormément de concessions artistiques. Quand j'arrive dans un lieu de vie, je me heurte à des problèmes de sécurité, je ne peux pas toujours ôter la décoration accrochée aux murs et au plafond par l'équipe, et qui n'a souvent rien à voir avec mon spectacle. On n'y est jamais à l'abri d'une sonnerie de téléphone ou d'une porte qui s'ouvre de façon intempestive.

Malgré les précautions prises et la préparation de l'équipe impulsée en amont, les adultes ne se comportent pas toujours comme ils le feraient dans un théâtre. J'ai le sentiment que le spectacle ne peut jamais prendre sa pleine dimension. De plus, les conditions sont souvent très dures pour la danse (sols durs et froids) ce qui, à la longue, me pèse beaucoup.

C'est pourquoi aujourd'hui, pour ma deuxième création destinée aux très jeunes enfants et intitulée *Le Fil bleu*, j'ai opté

1. Il y a trois ans, une séquence de ce spectacle a été réalisée par l'équipe de l'émission « Fête des bébés » pour la Cinquième ; elle donne un bon aperçu de ma démarche (K7 VHS, durée : quatre minutes).

pour une forme de spectacle uniquement conçue pour la scène.

Il est très important que, dès le plus jeune âge, les enfants découvrent aussi le chemin qui mène à la salle de spectacle. Qu'ils sachent que ces lieux existent et qu'ils y amènent leurs parents. En tant qu'artiste, c'est dans ce contexte que j'ai véritablement le sentiment d'accomplir pleinement mon rôle de médiateur culturel. Il me paraît important que les artistes se positionnent de manière à inciter les « politiques » à jeter des ponts entre les lieux de vie des enfants et les lieux de la culture.

Déplacer les enfants d'une crèche dans un théâtre n'est pas simple. Cela nécessite un encadrement important, une modification des habitudes du lieu, mais ce n'est pas insurmontable. Prévenus suffisamment à l'avance, certains parents parviennent à se libérer de leurs contraintes professionnelles et à accompagner le groupe. C'est l'occasion pour eux de communiquer avec l'équipe sur un mode différent de celui sur lequel ils fonctionnent habituellement.

Pour *Le Fil bleu*, j'ai collaboré avec un décorateur, un musicien, une costumière, un éclairagiste et une autre danseuse. Les mêmes moyens que pour un spectacle destiné aux adultes ont été mis en œuvre. Nous avons travaillé avec la même exigence autour des thèmes de l'animalité et du voyage. Nous avons axé la danse sur les grands déplacements dans l'espace (courses, envolées), certains éléments du décor atteignent deux mètres de haut, et les moyens techniques qu'il nécessite (notamment les lumières) sont lourds. Ce choix implique que nous jouions dans un cadre de scène et sur un grand plateau.

De ce fait, et à la différence de *Murmure,* une distance avec le public est nécessaire, pour que le spectacle soit perçu dans sa globalité, ce qui pose parfois des problèmes du point de vue de l'installation des enfants car les sièges de théâtre ne sont pas conçus pour eux. Lorsque les salles sont équipées de réhausseurs, cela permet une bonne visibilité pour chacun, mais si ce n'est pas le cas, nous préférons nous limiter à un public d'enfants plus âgés.

Les séances dites « tout public », plutôt destinées aux familles, permettent aussi aux plus petits de bien profiter du spectacle, car ils peuvent s'installer sur les genoux des adultes.

Pour moi, il est important que les deux formes de spectacle (grande et petite) existent au répertoire de la compagnie Ouragane. Chacune apporte des choses différentes aux enfants. Dans les deux cas, la magie opère. *Murmure* se déroule dans une atmosphère intimiste et joue sur la proximité, alors que *Le Fil bleu* touche sans doute plus au grandiose et au merveilleux.

En amont des représentations, la compagnie propose des cycles de sensibilisation pour les enfants. Il s'agit souvent d'une unique rencontre sous forme d'invitation à la danse, en petits groupes (cinq en crèche, quinze en maternelle) avec leur adulte de référence. Ce moment vécu ensemble donne un tout autre sens à la représentation. Le jour du spectacle, les enfants retrouvent sur scène l'artiste qu'ils connaissent déjà et qui est venu dans leur lieu de vie. Ils en sont d'autant plus impatients et curieux de ce qui va leur être présenté. Avec les plus jeunes, le plus difficile consiste à leur faire comprendre que cette fois-ci, ils viennent regarder la danse et non pas danser.

Avant d'orienter mon travail vers les tout-petits, les enfants auxquels je m'adressais avaient au minimum 4 ans. J'introduisais alors toujours le mouvement par des propositions orales, des métaphores. J'ai toujours mis un point d'honneur à montrer le moins possible, afin de ne pas entrer dans une pédagogie du modèle, et pour que chacun reste créateur de son geste.

Lors de ma première confrontation avec des enfants de crèche, j'ai immédiatement compris que la parole n'avait plus sa place et que je devais communiquer avec eux sur le mode sensoriel. J'ai pris conscience du fait que je véhiculais mon art et que je pouvais le leur transmettre en me mettant tout simplement en « état de danse » avec eux. J'entre en relation avec eux en m'appuyant sur l'utilisation de matières et d'objets, sur des supports sonores évocateurs pour moi, ou tout simplement en partant du mouvement de l'un d'eux. Ma présence en elle-même induit la danse, et les gestes des enfants prennent spontanément une dimension poétique. Dès la deuxième rencontre, ils se mettent souvent à danser rien qu'en m'apercevant lorsque j'arrive dans leur lieu.

En affinant ma manière d'observer et en communiquant de façon sensorielle avec eux, ma perception d'un groupe s'est modifiée. Avec des petits, on ne peut être que dans un fonctionnement individuel. Il faut rester à l'écoute de chacun et de tous à la fois (ce n'est possible qu'avec des petits groupes de cinq enfants maximum). Il faut savoir capter les gestes furtifs et les mettre en valeur. Il faut oser mettre sa voix en jeu car le geste et le son sont indissociables chez le tout-petit. Il faut aussi accepter qu'un enfant reste assis à regarder, car cela peut être sa façon à lui de participer. Il faut laisser à chaque enfant le temps de faire sa propre expérience, ce qui n'est pas toujours bien compris par les adultes qui voudraient des réponses immédiates et tangibles des enfants.

Toutes ces découvertes ont, du coup, bousculé ma façon d'aborder un groupe d'enfants plus grands. Je laisse aujourd'hui plus de place au silence et aussi à la voix dans un atelier avec des plus grands, et je n'hésite pas à danser avec les enfants quand l'envie m'en prend.

Au sein de la compagnie Ouragane, nous proposons également des formations pour les professionnels. Depuis quatre ans, j'interviens de façon ponctuelle dans le cadre de la formation des EJE, ainsi qu'au sein d'équipes de professionnels dans les structures.

En leur faisant vivre des situations ludiques mettant en jeu le corps à travers des propositions faisant appel à leur imaginaire, j'essaie de faire percevoir à mes stagiaires qu'il n'est nullement besoin d'être danseur pour communiquer avec les enfants à travers le mouvement. Chaque enfant porte la danse en lui, et il est particulièrement réceptif aux gestes des adultes. Il imite, il accompagne les mouvements de sa voix, il joue avec son corps et avec l'espace qui l'entoure. J'axe le travail que je leur propose sur l'écoute de soi et des autres, sur la conscience de leur corps, de celui des autres, de leur environnement, ainsi que sur la recherche d'une spontanéité et d'une poésie du geste.

Ce qui me frappe, c'est de voir à quel point une équipe de personnes qui se côtoient quotidiennement peut se découvrir à travers un tel travail. Il me paraît également très important de relier le mouvement dansé aux autres formes artistiques.

C'est là une des spécificités de la danse : une interaction est possible avec les arts plastiques, la musique, le théâtre, etc.

Il me tient à cœur que chacun, à l'issue d'une formation, reparte nourri, plus ouvert, plus confiant en ses capacités créatrices, et plein de nouvelles envies.

À partir de cette année, je vais proposer un atelier d'expression parents-enfants hebdomadaire à la MJC de Palaiseau. Il est question pour moi d'inviter les familles qui y participeront, à vivre une expérience artistique autour du mouvement, afin de communiquer différemment entre les parents et avec leur enfant. Cette expérience entre dans le cadre du travail de recherche que j'ai entrepris depuis cinq ans.

Depuis 1996, l'accent a été essentiellement mis sur la création et le spectacle. L'élaboration d'une réflexion est l'un des objectifs que s'est fixé la compagnie Ouragane à sa création, et auquel je souhaite accorder une plus grande importance dans le proche avenir.

Pour ma part, je me suis fixé pour objectif à long terme l'élaboration d'un projet de « compagnie en résidence dans un lieu de vie des tout-petits », qui engagerait un partenariat entre la compagnie Ouragane, une structure culturelle et un lieu de vie des tout-petits. Les différents aspects de la recherche que j'ai engagée y seraient développés, à savoir l'éveil à la danse avec les enfants, des ateliers avec l'équipe et les parents, la création et le spectacle.

Catherine Jeanne Mercier

Des plasticiens et des bébés

Mon premier contact avec le monde de la petite enfance a été avec l'association ACCES (Action culturelle contre les exclusions et les ségrégations) qui a pour préoccupation de faire accéder les familles défavorisées à la lecture, dès le plus jeune âge. Il y a quelques années, ACCES a souhaité la création d'un lieu de lecture pour tout-petits, de 6 mois à 3 ans. Ils rêvaient d'un lieu nomade, d'un objet, d'une sorte de maison, démontable et transportable, avec des étages, un grenier, une cave, des portes, un ciel, des pages, des signes, des inscriptions. Un espace ouvert et fermé.

En collaboration avec Sylvie Jaubert, peintre, nous avons proposé un espace qui a plutôt l'apparence d'une tente mais qui, en réalité, par le jeu des matériaux, des transparences, entraîne des sensations inattendues. À l'intérieur on y trouve : des cloisons japonaises, une échelle qui monte nulle part, un

---

Catherine Jeanne Mercier, plasticienne, Paris.

hamac, des tapis, des coffres, une ombre d'ours, la porte des vents, des pages entre lesquelles on se faufile, un plafond étoilé d'écritures…

Cette structure est à l'échelle des grands mais aussi des petits. Elle s'intitule « Maison ouvre ta page » et a été réalisée en toile de bateau. « Maison ouvre ta page » a été beaucoup présentée et a révélé un manque.

Nous avons, avec ACCES, pensé et réalisé une série de petites structures, plus légères, plus intimes, respectant les mêmes consignes : un espace mobile, démontable et transportable, que nous appelons « Petit livre en voyage ». Il se présente comme un campement composé de trois éléments. Signalée par une girafe, une tente – tel un livre renversé – est prête à accueillir petits et grands. Le « garde-manger » est un coffre au trésor dans lequel sont rangés les livres.

La structure de la tente est faite de châssis peints. La toile joue avec la lumière, par terre un tapis zébré. Cet espace intime est ouvert et fermé. On peut entrer par les pages en les déplaçant… Sur ces pages, à hauteur du regard des enfants, sont inscrits des lettres, des onomatopées, des signes noirs qu'ils ont pu voir sur les livres. La girafe plus ludique est faite de matériaux de récupération. Le coffre, réceptacle mystérieux, cache dans son couvercle un bas-relief illustrant certains grands voyages.

Cette tente-livre offre aux familles un temps de quiétude autour du livre. Une quinzaine de ces structures voyagent encore et sont régulièrement utilisées.

Quelque temps plus tard, le service culturel de la ville de Pantin a eu pour projet de sensibiliser les enfants de 2 à 5 ans au livre, et cette fois au travers de la musique et des arts plastiques. Il fallait donc créer un outil approprié à l'usage des professionnels de la petite enfance.

Grâce à cette impulsion, ont été réunis des bibliothécaires de la ville, une responsable de l'association Enfance et musique, des professionnels de la petite enfance et moi-même. Le projet a mûri pendant six mois, et au fil des réunions, quatre thèmes ont été dégagés sur l'aspect musical dans le livre pour enfant.

Pour la mise en forme, j'ai cherché des ambiances adaptées au contenu de chacun, faisant référence à différentes cultures, en les juxtaposant, sollicitant l'imagination mais aussi la mémoire des images, celles de sons et des mots.

J'ai construit ces petits environnements de telle façon qu'ils restent autonomes, légers de manipulation. Un plan de montage et de démontage les accompagne. Un conditionnement pour leur transport a été prévu.

Le premier espace est celui du désert. Dans certains livres, il existe une qualité de silence, d'espace, de respiration. La tente persane montée avec plusieurs épaisseurs de tissu est le monde de la nuit, des bruits étouffés, des sons lointains. Elle contient des instruments à gratter. Autour d'elle, le désert, la lumière ; une brise soulève un voile, au sol, des pierres sonores. Dans le silence, on entend des sons frottés.

Le deuxième espace est celui de l'aventure. Il fait référence au rythme dans l'écriture, il invite aux allers et retours, aux expériences. Les barques sonores flottent sur la rivière. Le sol est rouge. Au loin, une forêt profonde, celle qui fait peur ; on peut s'y promener et, dans le bruit des feuilles, rencontrer la queue du tigre et même ses yeux.

Le troisième, on l'appelle la ferme. Entre village et castelet, c'est le lieu propice aux jeux d'imitation, de la voix, du corps. D'un panier surgissent des comptines, des cris d'animaux et des sons plus ou moins familiers. Sous le regard de l'épouvantail que l'on habille et déshabille, les masques peuvent s'animer.

Le quatrième est le kiosque à musique. À l'abri du toit, c'est le lieu de réunion pour chanter, parler, écouter. Des colonnes pour écrire à la craie servent d'aide-mémoire, mais aussi des images de comptines et leurs textes suspendus. Sur le tapis, au centre, un coffre précieux contient une boîte à musique aux multiples cartes perforées.

Ces espaces ont réellement servi d'outils pédagogiques dans toutes les structures d'accueil petite enfance de Pantin, jusque dans les quartiers les plus reculés de la ville.

La réalisation dont je voudrais maintenant parler a été faite pour le centre d'hébergement de Roubaix, dont le directeur est Michel d'Haene. Le centre du Cap Ferret accueille une vingtaine de familles en détresse, qui, pour la plupart, ont connu la rue. Quarante enfants de moins de 6 ans y vivent (et parmi eux beaucoup de tout-petits).

Or, dans ce centre d'accueil, l'enfant a toute sa place. Tout est organisé autour de lui. Cet espace, Michel d'Haene l'a souhaité pour créer un lieu intime, hors du temps, un lieu privilégié pour permettre des échanges parents-enfants, pour permettre aussi de renouer des liens vivants, des rencontres entre parents-enfants et professionnels. Une des premières professionnelles à s'en servir a été Chantal Grosléziat qui y a animé un stage d'éveil culturel.

La demande de cet espace n'était pas précise, excepté qu'il fallait faire référence à cette région du nord de la France, connaître l'histoire de ce centre et le travail de Michel d'Haene.

Les contraintes matérielles étaient habituelles, à savoir : un budget et une surface limités, une autonomie totale de la structure dans l'espace, un ensemble montable et démontable facilement, voire modulable.

Je l'ai conçu et réalisé comme un immense tapis d'éveil. Je l'ai fait en pensant à tous ces voyages qui se font allongés ; en pensant au fond du jardin d'un grand-père que l'on s'est inventé ; en pensant au palais d'un jour ; en pensant à rien, comme quand on est dans son coin, porté par l'espace qui nous entoure.

Il y a : une grande cheminée d'usine, un toit d'atelier, une rivière en tulle et son miroir, un coin sombre de maison derrière un rideau d'oiseaux, leurs nids jouent sur un damier de fourrure, un passage à franchir pour être sous les étoiles, des fenêtres sur l'ailleurs, des rideaux pour les fermer, des tapis, des vaches en tabourets, une corbeille à secrets et un panneau à souvenirs…

Cet espace appartient maintenant aux familles. Michel d'Haene se propose de le prêter aux écoles ou à d'autres lieux de la petite enfance. Viendraient l'animer les mamans (et les papas) du centre du Cap Ferret.

Ce sont là des réponses à des commandes très précises. Ce ne sont pas des installations définitives, mais au contraire ponctuelles, modulables, évolutives et itinérantes. Elles ont incité les usagers à reprendre quelques éléments et à en imaginer d'autres (bref, elles ont fait leurs petits).

*

* *

Dans son livre intitulé *Espèces d'espaces*, Georges Perec écrit : « Vivre, c'est passer d'un espace à un autre en essayant le plus possible de ne pas se cogner. » C'est avec ironie que Georges Perec pointe le manque de conscience de l'espace dans lequel nous vivons. Nous n'évoluons pas seulement à l'intérieur de volumes, nous côtoyons des présences de couleurs, de matières, de lumières.

Ces éléments sont vitaux et font partie de notre perception du monde et de la vie. Il semble que ces éléments de base pour un plasticien sont peu perceptibles par tout le monde.

Quand vous entrez dans un espace petite enfance, votre regard peut-il se poser quelque part en particulier ? En dehors des objets, des lieux usuels et nécessaires, y a-t-il quelque chose de marquant ? Pouvez-vous citer une couleur ou un élément qui fasse événement dans un de ces lieux ? Les tons pastels, nous sommes d'accord, sont la discrétion même et sont là pour être oubliés. Pour le mobilier de motricité, ludique et sensoriel, beaucoup d'efforts et de recherches ont été faits, mais on retombe souvent dans un univers de grands pour lilliputiens.

Pour moi, plasticienne, dans ces lieux, il manque un jardin, un espace qui fasse référence à la notion de jardin, quelque chose de vivant, un vrai lieu de découverte, de rêverie, de promenades imaginaires, d'histoires qui se racontent. Les éléments d'un jardin n'illustrent pas une histoire particulière, et pourtant, que de scénarios possibles !

Au sol des traces, plus loin un pont de velours, le bruissement d'une forêt en papier, des cylindres gravés, une cachette nid d'étoiles... sont autant de lieux accueillants que des supports à l'imaginaire.

Ou alors il manquerait la fenêtre. Un carré de couleur est un trou dans un mur, et pour peu que sa surface soit suffisamment grande, l'esprit et le regard s'évadent. Cette même peinture (ou tapis), déplacée dans la pièce et suspendue à un fil, crée à elle seule et d'un seul coup un espace vivant, un événement. Cet événement est l'une des préoccupations de l'art contemporain, entre présence et contemplation. Il agit d'autant plus qu'il peut être éphémère.

Pour finir et pour être plus explicite, quelques images illustrant ces différentes notions me viennent à l'esprit :
– sur une première page, je reprendrais quelques éléments de la tente. La toile est d'un beige vibrant, juste entouré d'une frise géométrique et ponctuée par les rayures d'un zèbre. Avec peu de moyens, l'espace peut devenir suffisamment riche pour que l'œil s'y promène et que l'esprit y vagabonde ;
– la deuxième image est le ciel étoilé, j'en parle souvent car il est le contraire du blanc et permet de plonger dans l'infini ;
– le tapis suspendu, sur la troisième image, est un événement dont l'impact est radical, de sa taille, par sa couleur, et parce qu'il fait référence à des pays où la couleur a conservé une grande place ;

– sur la quatrième image, l'idée est d'occuper le sol. Le jeu des traces est inépuisable et d'autant plus fort si le fond n'est pas neutre.

Tous ces éléments ne sont valables qu'à une échelle suffisamment grande pour que l'enfant s'y immerge.

Il reste à dire que les contraintes obligent à trouver des solutions créatives. Un certain nombre d'œuvres contemporaines donnent des pistes, des idées. Souvent, les moyens utilisés sont très simples, jouant des matériaux bruts ou de récupération. N'hésitez pas à faire appel à des plasticiens !

Par ailleurs, j'aimerais demander aux architectes d'offrir des lieux permettant aux usagers de se les approprier davantage à leur façon (revêtements et systèmes d'accrochages).

Pour conclure, il me semble que la présence d'un espace fort, d'une grande échelle dans les lieux collectifs de la petite enfance apporte aux enfants un enrichissement considérable quant à leurs liens physiques et affectifs avec l'extérieur.

Dominique Rateau

Et les livres…

Lorsque l'on réfléchit à la rencontre des tout-petits avec les arts tels que théâtre, arts plastique, musique, danse…, les artistes sont généralement présents. Ils expliquent eux-mêmes leurs démarches artistiques en direction de la petite enfance selon qu'ils sont comédiens, metteurs en scène, musiciens, chanteuses, danseurs, plasticiennes…

Le livre apparaît alors avec l'évidence de sa spécificité : l'œuvre de l'artiste circule ici et là, dans les lieux les plus quotidiens de l'enfant, hors la présence de son créateur. Mieux, une expression de sa pensée circule : son point de vue sur le monde est transmise aux tout-petits à travers la voix d'un autre. À travers la voix de quelqu'un qui n'a pas le statut d'artiste, mais celui de médiateur, passeur, transmetteur…

Dominique Rateau, chargée de mission livres petite enfance pour le Centre régional des lettres d'Aquitaine.

Je souhaitais insister sur cet aspect du livre, objet artistique et littéraire porteur de récit. Lire un livre, ce n'est pas commencer un spectacle, et c'est pourtant commencer une aventure. Il me semble que dès que l'on ouvre un livre en présence d'un tout-petit, c'est déjà une façon de l'introduire au mystère de la vie qui, comme le récit a un début, suit un déroulement et va vers une fin. C'est aborder avec lui l'idée qu'à un moment de son évolution, l'homme a éprouvé la nécessité de laisser des traces écrites, puis imprimées. Ouvrir les livres aux enfants, c'est partager avec eux, au-delà des mots pour le dire, l'idée que la vie n'est pas éternelle. C'est un instant magique où l'on prend conscience du passage des générations. Le livre est porteur d'un trace immuable : le tout-petit retrouvera dans le livre, à la maison, à la crèche, à la bibliothèque, les mêmes mots, les mêmes images, au même endroit. Il sera sécurisé par cette permanence. Il pourra repartir à la recherche des traces laissées dans sa mémoire, et cela, en présence d'un adulte bienveillant, attentionné, qui ne sera pas là pour vérifier quelque chose d'un enseignement mais pour partager avec l'enfant le bonheur de la rencontre autour de la pensée d'un autre, absent.

Il faut mettre l'accent sur trois aspects fondamentaux de cette proposition de rencontres avec les livres :

– c'est un moment où l'on offre aux enfants des récits, inscrits, écrits, immuables ;

– il est important de privilégier la rencontre entre un livre, un adulte et un enfant, car c'est offrir au tout-petit le partage d'une lecture ajustée à son rythme ;

– la lecture faite aux enfants qui ne parlent pas encore nous a permis de prendre conscience que la lecture à voix haute est un moyen privilégié de partager une lecture...

Et laissons à *Navratil*, ce merveilleux ouvrage édité en littérature jeunesse par les Éditions du Rouergue, les derniers mots.

Navratil signifie « celui qui reviendra » en tchécoslovaquie, pays d'origine de Michel Navratil. Navratil, c'est bien le nom de ce vieux monsieur qui a raconté son histoire à Charlotte Mollet, qui l'a racontée à son tour à Olivier Douzou. Ce sont eux qui ont alors écrit en images et en mots l'histoire incroyable de cet homme, enlevé par son père quand il avait 4 ans et embarqué, avec son frère, sur ce merveilleux paquebot qu'était le *Titanic*. La suite de l'histoire, tout le monde la connaît. Le *Titanic* a fait naufrage. Le père a péri en mer. Les deux enfants ont été débarqués à New York : « Voilà comment notre mère nous a retrouvés, seuls à l'autre bout de l'océan, là où elle n'aurait jamais dû nous chercher... », dit le texte.

Je livre la dernière page de cette histoire : « Je n'ai vécu que jusqu'à 4 ans ; depuis, je suis un resquilleur de vie, un grapilleur de temps ; et je me laisse aller sur cet océan. J'attends comme dans le temps cette chaloupe à la mer, ce berceau qui, une nuit de printemps m'a rendu à maman. Et qui, cette fois, me rendra à mes deux parents. »

Ce sont les œuvres littéraires qu'il faut lire aux enfants, celles qui, grâce aux talents des artistes, parlent de notre condition humaine, au-delà des mots.

Table des matières

Déjà parus dans la collection Mille et un bébés

Les bébés et la culture

Philippe Bouteloup, Agnès Chaumié, Chantal Grosléziat, Brigitte Lallier-Maisonneuve, Catherine Jeanne Mercier, Dominique Rateau,Laurence Salvadori
Cultiver
Les bébés d'aujourd'hui sont cultivés. L'éveil culturel du tout-petit est prôné de toutes parts et des injonctions plurielles viennent affirmer de nouveaux champs à la puériculture : lisez ces livres aux bébés, faites-leur écouter de belles musiques, faites-leur découvrir de douces saveurs et de tendres couleurs, assistez à des spectacles vivants et partagez d'infinies émotions culturelles, voilà les nouvelles et savantes affirmations de nos maîtres en développement. Qu'en est-il aujourd'hui de la culture des bébés ? Quelles théorisations la soutiennent et quelles pratiques l'expriment ?

Catherine Potel
Bébés et parents dans l'eau
Imaginez ce jardin de l'eau vive où l'on cultiverait plaisirs, détente, explorations et liens subtils. Des moments de vie et de rencontre. Dans l'eau, avec l'eau.
La valeur symbolique et initiatique de l'eau est connue. Elle réjouit parfois, terrifie aussi, mais les grands bleus toujours fascinent, comme les bébés. L'eau offre ainsi au tout-petit – et à ses parents – de multiples champs d'expériences et d'expression. Le corps s'y révèle, s'y construit, s'y libère et l'esprit y joue, avec sérieux, d'infinies gammes où se croisent intégration, autonomie, séparation.
Qu'est-ce donc que l'eau et qui est ce bébé dans l'eau ? Quels jeux complices s'offrent parents et enfants, à barboter en piscine sous le regard, la parole et l'accompagnement des professionnels ?
Allons les rejoindre, ces bébés qui ne nagent pas et leurs parents qui les portent dans l'eau !

Dominique Rateau
Lire des livres à des bébés
Lire des livres à des bébés... Cette proposition paraissait incongrue, il y a quinze ans à peine. Depuis, des colporteurs d'histoire se rendent là où se trouvent les bébés pour leur lire des livres, sous le regard et avec la complicité de leurs parents ou des professionnels de la petite enfance.
Comment se sont développés ces projets autour des livres et des bébés ? Sur quelles données théoriques reposent-ils ? Quels sont les enjeux de ces rencontres autour des livres ? Et d'abord quels livres ? Qui lit ? Quand ? Comment ? Quelles sont les dérives possibles de ces actions ? Quels rôles pour les institutions (crèches, écoles maternelles, bibliothèques...) ?

Chantal Grosléziat
Les bébés et la musique
Premières sensations et créations sonores
Ces quinze dernières années, les chercheurs ont accumulé des données de plus en plus précises sur les perceptions auditives du nourrisson. De leur côté, des musiciens, pédagogues passionnés d'aventures musicales, animateurs de groupes d'enfants, se sont tournés vers le monde des tout-petits. C'est de cette rencontre qu'est né ce livre.
Tous les adultes sont émerveillés devant un nourrisson qui écoute intensément une musique, qui babille, chantonne, avide d'échange et de relation avec les êtres qui l'entourent. Ce livre s'adresse aux parents et aux éducateurs dont la présence sensible et créative auprès du bébé, peut enrichir ses premiers émois, ses premières découvertes du monde sonore et de la musique.

Chantal Grosléziat
Bébés chasseurs de sons
Les bébés et la musique 2
L'oreille aux aguets, le bébé écoute déjà. Il butine paroles, musique, sons, bruits pour s'élancer, de vocalises en imitations sonores, des bruits du corps aux bruits des objets vers les instruments et leur musique.
Mais comment passe-t-il d'un perception sensorielle et globale à une écoute des propriétés sonores ? Peut-on parler d'une pédagogie de l'écoute avec les tout-petits et quel est le rôle de l'environnement sonore et musical ?
Chantal Grosléziat montre ici l'importance des relations affectives et de l'écoute des sons comme objets de jeu dans toute éducation musicale. Parce qu'« il n'y a rien dans l'intellect qui n'ait été d'abord par les sens ». (Michel Serres).

Patrick Ben Soussan, Philippe Bouteloup, Catherine-Juliet Delpy,
Pascale Mignon, Marie-Rose Moro
La culture des bébés
En Afrique, on dit qu'il faut envelopper les bébés de beau, belles paroles, beaux atours, pour ensemencer leur vie future. Ici, à peine nés, on les inscrirait à l'université, tant on nous persuade de leurs compétences, extraordinaires, à faire fructifier au plus tôt.
Le bébé est-il une friche à fertiliser, une oie grasse à gaver, un merveilleux placement à faire prospérer ?
Échappée belle.
Laissez ces quelques rencontres esthétiques, artistiques et culturelles, autour d'un livre, d'une musique, d'une peinture, vous parler d'émotions, d'impressions, du sensible et du beau, de rêveries et de plaisir partagé.
Et souvenez-vous des temps passés, que vous avez connus ou que l'on vous a contés, des temps de vos aïeux qui ont semé, sur le chemin de vos vies, ces petits cailloux, ces braises vives, ces secrets enfouis, en guise d'héritage.

Mieux connaître les bébés

Patrick Ben Soussan, Claude Sureau, Michel Briex,
Bernard This, Frédérique Authier-Roux
Naître

Marcel Sanguet, Patrick Ben Soussan, Yvonne Knibielher, Michel Lemay
Le bébé et ses peurs

Albert Ciccone, Luigia Cresti-Scacciati, Catherine Druon, Pierre Lafforgue,
Rosella Sandri, Gianna Williams
L'observation du nourrisson et ses applications

Patrick Ben Soussan, Marie-France Morel, Laurence Pernoud,
Danielle Rapoport, Joshua S. Sparrow
Le bébé d'hier, d'aujourd'hui, de demain et de toujours

T. Berry Brazelton, Nadia Bruschweiler-Stern, Myriam David,
Marie Fabre-Grenet, Albert Grenier, Léon Kreisler, Paul Marciano
Que sont les bébés devenus ?

Albert Ciccone, Yvon Gauthier, Bernard Golse, Daniel Stern
Naissance et développement de la vie psychique

Bébés au quotidien

Myriam David, Sylviane Giampino, Danielle Rapoport, Élisabeth Rigaux,
Geneviève Spiesser
Accueillir

Anne Aubert-Godard, Patrick Ben Soussan, Claude Didierjean-Jouveau,
Léocadie Ekoué, Nathalie Roques, Marie Thirion
Allaiter

Gastronomes en couches
Recettes de grands chefs
réunies par Patrick Ben Soussan

Joël Clerget, Hélène Dutertre-Le Poncin, Chantal Fleury,
Alberto Konicheckis, Hubert Montagner, Gyslaine Montanaro
L'accueil des tout-petits

Simone Rubin
Apprivoiser les maladies de bébé

Du côté des parents

Maurice Titran, Michel d'Haene, Brigitte Dumont,
Claudia Fonseca, Catherine Le Grand-Sébille
Accompagner

Patrick Ben Soussan, Jacqueline Brothier, Jacques Dayan, Pierre Delion,
Michel d'Haene, Michel Dugnat, Annie Offe, Françoise Sou
La parentalité exposée
Frédérique Authier-Roux, Patrick Ben Soussan, Anne-Marie Darras,
Marie-Laure Vincent Fino, Lisa Ouss-Ryngaert
Aux marges de la vie
Etre parent d'un bébé mort, fragile ou handicapé

Christian Boulard, Pascale Dutilh, Claire Mestre, Marie Rose Moro,
Ibrahim Saïd
Devenir parent en exil

Michèle Anicet, Maïa Autin, Annick Chauvin, Françoise Jardin,
Catherine Le Van, Anne Richaud
Psychose et parentalité
mentale et la souffrance psychique ne signent plus l'exclusion de la parentalité et la séparation forcée parents-enfant.

Anne Aubert-Godard, Bernard Chouvier, Anne Frichet, Patrick Mauvais,
Denis Mellier, Régine Prat, Joëlle Rochette
Le bébé, l'intime et l'étrange

Michel Dugnat, Marianne Fontanges-Darriet, Sylvain Missonnier,
Line Petit, Pierre Rousseau, Bernard This, Maurice Titran
Grossesse et naissance : le passage

Bertrand Cramer, Jean-Claude Chanseau, Jacques Dayan,
Antoine Guedeney, Serge Lebovici, Rosella Sandri
Transmettre la vie

Drames et aléas de la vie des bébés

Patrick Ben Soussan, Dominique Leyronnas, Catherine Mathelin,
Michèle Vial
Soigner

Patrick Ben Soussan, Nathalie Boige, Marie-Claude Boselli, Myriam Boutin, Paul Cesbron, Edwige Dautzenberg, Pierre Delion, Bernard Golse, Luc Gourand, Catherine Guiton, Dominique Japiot, Madeleine Loudet-Blanc, Marie-Annick Maspoli,Sylvain Missonnier, Élisabeth Pascual, Christian Robineau, Yveline Rosset, Muriel Soulié
Signes de souffrances en périnatalité

Sous la direction de Pierre Delion avec : Alain Beucher, André Bullinger, André Carel, Martine Charlery, Bernard Golse, François Kotras, François Lechertier, Marie-Françoise Livoir-Petersen, François Pouplard
Les bébés à risque autistique

Stéphane Ambry, Patrick Ben Soussan, Sylvain Missonnier, Danielle Rapoport, Jean-Claude Risse
Un bébé est battu

Michel Dugnat, André Dugnat, Joëlle Lalanne, Sophie Marinopoulos, Denis Mellier, Joëlle Rochette
Des bébés exposés
Séparation, placement, abandon

Patrick Ben Soussan, Simone Korff-Sausse, Jean-René Nelson, Michèle Vial-Courmont
Naître différent

Avant la naissance

Frédérique Authier-Roux
Ces bébés passés sous silence
A propos des interruptions médicales de grossesse

Patrick Ben Soussan
Le bébé imaginaire

Frédérique Authier-Roux, Patrick Ben Soussan, Marie Fabre-Grenet, Marianne Fontanges-Darriet, René Frydman
Le fœtus exposé

Fernand Daffos, Yves Dumez, Marianne Fontanges-Darriet, Paul Guinet, Philippe Saada, Michel Soulé
Le fœtus à l'hôpital

Marie-Claire Busnel, Fernand Daffos, Catherine Dolto-Tolitch, Jean-Pierre Lecanuet, Romana Negri
Que savent les fœtus ?